フロントランナー

Front Runner

2

自分にしか
できないこと
を見つける

監修：朝日新聞be編集部

はじめに

「子どもの7人に1人が貧困《ひんこん》」「地震《じしん》や津波《つなみ》、豪雨《ごうう》による大規模災害《だいきぼさいがい》」「少子高齢化《しょうしこうれいか》」
「ジェンダー問題」――。いま日本はさまざまな問題に直面しています。
政府も対策《たいさく》を始めていて、抜本的《ばっぽんてき》な改善《かいぜん》が望まれるところですが、
やはり、私たち一人ひとりができる限りの行動をすることにも意味があります。

第2巻となるこの本には、「自分にしかできないこと」を見つけて
仕事にしている「フロントランナー」10人が登場します。
例えば、訪問診療医《ほうもんしんりょうい》の田代和馬《たしろかずま》さんは、「どんな患者《かんじゃ》も絶対に断らない」ことを
ポリシーにしている医師。
また、遺体《いたい》に殺菌消毒《さっきんしょうどく》・防腐《ぼうふ》・修復・化粧《けしょう》などを施して、
故人を生前の姿《すがた》に近づける処置《しょち》をするエンバーマーの橋爪謙一郎《はしづめけんいちろう》さんは、
故人と家族の、穏《おだ》やかで、後悔《こうかい》のない別れを届《とど》ける人です。
地元のお祭をビジネスにし、街を活性化するのは
オマツリジャパン社長・加藤優子《かとうゆうこ》さん……。
彼らフロントランナーは多種多様なバックグラウンドの中で、

自分にできることを行いながら、誰《だれ》かのために奮闘《ふんとう》しています。
「自分にしかできないこと」というと特別な感じがしてしまいますが、
社会を変えていくのは、一人ひとりの小さな行動です。
じつはその小さな行動こそ、自分にしかできないことだったりするのです。

「フロントランナー」とは、自ら道を切り拓《ひら》く人、そして、さらに努力を続ける人。
彼らは既成概念《きせいがいねん》に囚《とら》われず、時代の先端《せんたん》で新たな職業や生き方を切り拓いていきます。
フロントランナーたちの言葉は、21世紀の日本社会が抱《かか》えた「課題」を照らし出し、
この本を読むあなたの心に訴《うった》えかけてくるでしょう。
あなたらしい生き方、信念に則《のっと》って、
「自分にしかできないことを見つける」フロントランナーとして、
人生を切り拓いてほしいと願っています。

朝日新聞be編集部
岩崎ＦＲ編集チーム

CONTENTS

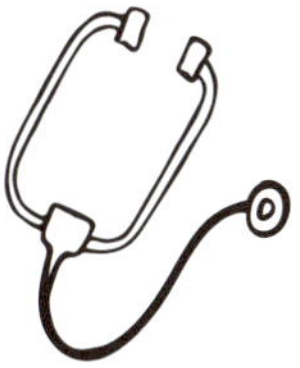

※本書は朝日新聞be「フロントランナー」の記事をまとめたものです。記事の内容は掲載当時のものです。

※今回の書籍化にあたり、取材当時から状況が変わった内容については一部改訂しています。

自分にしか
できないことを
見つける
1

患《かん》者《じゃ》さんの安心を積み重ねていく

訪《ほう》問《もん》診《しん》療《りょう》医《い》
田《た》代《しろ》和《かず》馬《ま》

どんな患者《かんじゃ》も、俺《おれ》が診《み》る

ノブが外れ、半開きになった玄関《げんかん》ドアを開けると、天井まで積み上げられたゴミが視界《しかい》に飛び込《こ》んできた。ちゅうちょなく隙間《すきま》をすり抜《ぬ》け、ベッドに横たわる患者の元へ。「あれ、飼ってたインコどうしたの」「先生、ネズミに食われたよー」。九州なまりで会話をしながら、手早く注射《ちゅうしゃ》を打つ。「今日もしっかり効いてるからね」。優《やさ》しいまなざしを向けると、次の診療先《しんりょうさき》へと車に乗り込む。

「ああいうお宅《たく》を断る医者は多いのだけど。僕もすごく貧乏《びんぼう》な出なので、全然平気なんですよ」。そう言うと、驚《おどろ》く記者に向けてほほ笑んだ。

車内で患者のカルテを読み込む間にも、ビジネスチャット「スラック」にスタッフたちから急患の連絡が次々と舞《ま》い込む。診察予定はどんどん変わる。「今ひとり亡《な》くなられたので、死亡《しぼう》診断《しんだん》に行きます。あ、その前に、グループホームで暴れてる方がいるそうなので、そっちへ先に行きましょう」。統合失調症《とうごうしっちょうしょう》の患者に鎮静剤《ちんせいざい》を打ち、末期がんで死亡した男性の元へ。家族をねぎらうと、男性に20秒近く合掌《がっしょう》した。

真骨頂《しんこっちょう》は初めての患者と方針を話し合う「インフォームド・コンセント（IC）」だ。

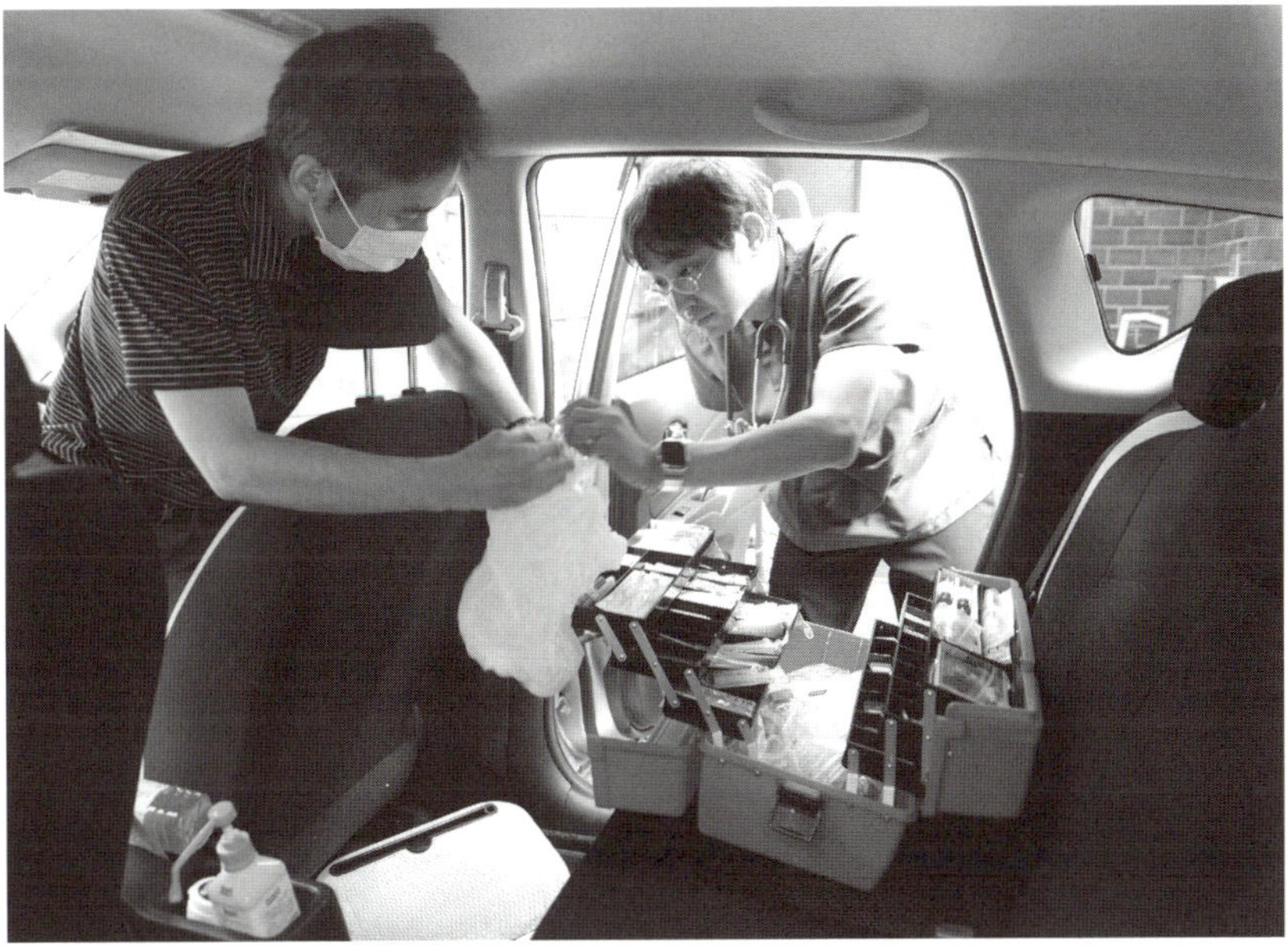

スタッフとざっくばらんに話す訪問車の車内を「楽屋」と呼ぶ。右腕のひとり、運転手の末次義昭さん（左）も、ときに患者宅に上がり診察を手伝う

「『末期』と言うけどね、『まだまだ元気』の略なんです」「この先どうしていきたいか、一緒《いっしょ》に考えていきましょう」。1時間以上かけた丁寧な説明に、患者《かんじゃ》と家族の顔がパッと明るくなった。この日訪問《ほうもん》したのは15軒《けん》、多いときはひとりで20軒以上を回る。

■極限状態のなか診察《しんさつ》を続ける

「**どんな患者も絶対に断らない**」。そんなポリシーを掲《かか》げる在宅診療《ざいたくしんりょう》クリニックを東京で開業したのは2019年。一躍《いちやく》有名になったのは新型コロナウイルス感染症《かんせんしょう》第5波のときだ。デルタ株《かぶ》が猛威《もうい》を振《ふ》るい、多くの人が自宅療養《じたくりょうよう》を強いられるなか、他に先駆《さきが》けて訪問を引き受け、極限状態のなか診察した。

記録用に撮《と》った動画がテレビで放送されると、緊急《きんきゅう》

ここが気になる!

インフォームド・コンセント(IC)ってなに?

ICとは、医師が病気や治療について、患者や家族に対して、十分な説明をすること。今では当然のことのように思えるが、1997年の医療法改正まではあまり徹底《てってい》されていなかったのだ。ICを受けることで、信頼関係が高まるほか、治療や薬の必要性への理解が進み、患者さんがより積極的に治療に参加できるため、症状の改善にもよい効果があるとされている。

事態であることを皆《みな》が自覚した。「皆さんコロナのことを聞きますが、**僕《ぼく》にとっては日常の診療の延長《えんちょう》**なんです」。たとえ夜中でも駆けつける。「院長の自分が一番働く」がモットーだ。「何で？ そういう気質なんでしょうね」。

プロフィール

1989年 宮崎市生まれ。鹿児島市の池田中学・高校を経て宮崎大学医学部へ。

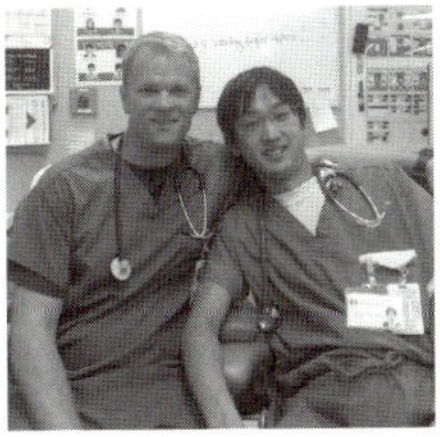

2013年、医学部6年生の時に在沖縄米国海軍病院で実習中の田代和馬さん

2014年 沖縄県立中部病院で初期研修を受ける。後期研修は伊平屋島《いへやじま》、波照間島《はてるまじま》、石垣島《いしがきじま》などの離島《りとう》で。

2019年 東京都のJR大森駅近くに「ひなた在宅クリニック山王《さんのう》」を開業。縁もゆかりもない東京を選んだのは「沖縄の医療が東京で通用するか試したかったから」。クリニック理事長は医学部在学中に出会った清山知憲《きよやまとものり》医師（現宮崎市長）。「単位が足りなくて受講した特別講義に型破りな医師が来て『おまえら気概がないんだ』なんて発破《はっぱ》をかけていて、ファンになった」。現在クリニックには非常勤を含め医師30人が在籍《ざいせき》する。

★専門は血液腫瘍《しゅよう》内科、精神科。看護師の妻と長男、長女の4人家族。趣味は「極寒《ごっかん》の冬山でのソロキャンプ」。

貧しい母子家庭に育ち、勉強だけが娯楽《ごらく》だった。特待生で私立《しりつ》の中高一貫校《いっかんこう》に進み、医師への道が開けた。「ひとりの医師が何でも診《み》る」沖縄の病院や離島《りとう》での武者修行が、医師としての技術と自信を裏《うら》付ける。

　クリニックは出身地の宮崎にちなみ「ひなた」と名付けたが、患者《かんじゃ》は『ひなた』は灼熱《しゃくねつ》だ」と笑う。特に力を注ぐのは、終末期の診療《しんりょう》だ。「終末期ケアは、人間にしかできない。俺《オレ》が診る。人生最期の望みをかなえる」。灼熱の太陽は、今日も燃えている。

患者には大きく、はっきりとした声で話しかける。身長175センチ、体重62キロ。トイレに行きたくなるので、水分は必要最低限しかとらない。「夕飯？　ゼリーとかが多いですね」＝東京都内

田代《たしろ》和馬《かずま》さんに聞いてみよう

Q コロナ第5波以降、自宅療養者《じたくりょうようしゃ》を診察する様子の映像《えいぞう》が社会に大変なショックを与えました。現場はどうだったのでしょうか？

A 忘れもしません、2021年8月6日、3連休前に保健所から連絡《れんらく》が来たんです。「自宅でつらい思いをしている人がいます、診られますか」と。うちは患者さんを断りませんので、診ましょうと。初日に3人受けたのですが、翌日《よくじつ》は20人へと一気に増えました。

当時は「自宅療養」と言うと熱で寝《ね》ている程度のイメージだったと思うのですが、診てみたら重症度《じゅうしょうど》の高い人ばかり。「これは大変なことになっている」と、可視化《かしか》するために動画を撮《と》り始めました。

映像《えいぞう》に残した理由は三つあって、まず感染《かんせん》予防のためにカルテを持ち込めないので記録のため。それから、後に訴訟《そしょう》などになったときの証拠《しょうこ》として。そして、未曽有《みぞう》の事態にクリニックとしてどう対応したのか、残すためだったんです。

公開するつもりはなかったのですが、取材が来て提供《ていきょう》しました。結果として、事態の深刻《しんこく》さが世の中に伝わったと思います。

Q

「地獄絵図《じごくえず》だった」と聞きましたが…。

A

僕《ぼく》と同じような若くて昨日まで普通《ふつう》に働いていた人が、しんどすぎて動けず、布団の中に排泄《はいせつ》をしたまま独りでいる。人としての尊厳《そんげん》を完全に失った状況《じょうきょう》が何件もあり、衝撃《しょうげき》を受けました。リスク上、医師しか家に入れないので、汚物《おぶつ》のついたシーツを取り換《か》え、できるだけ掃除《そうじ》して、診察《しんさつ》をして……という作業をひとりでやりました。この国の首都東京で、こんなことが起きているんだと。

一方で、クリニック近辺の病院では、100床《しょう》単位で病床《びょうしょう》が空いていました。コロナ病床として確保されているのに、入院できない「幽霊《ゆうれい》病床」です。

重症のときには受け入れないのに、いよいよ亡《な》くなるというときにようやく入院できるというケースが、何件もありました。

Q なぜ、こんなことが起きたのでしょうか？

A **はっきり言って、東京の医師の実力不足ですよ。スペシャリストだけど自分の診療科《しんりょうか》以外は診《み》られません、という医師ばかり。**だからコロナで、かつ糖尿病《とうにょうびょう》の急性合併症《きゅうせいがっぺいしょう》で、という患者《かんじゃ》さんを受け入れない。それで亡くなった患者さんは、いましたから。

Q デルタ株の猛威《もうい》のなか、感染《かんせん》しないか怖《こわ》くなかったのですか？

A 全然。かからないようにするのがプロですから。実際、私を含めスタッフは誰も感染しませんでした。

都内の感染者が爆発的《ばくはつてき》に増え、第7波に入ったと言われたときは、若い患者さんが多かったのですが、熱中症《ねっちゅうしょう》との見分けかたが難《むずか》しいので、検査態勢の拡充《かくじゅう》が必要でした。

Q

ご自身は在宅診療《ざいたくしんりょう》で何でも診《み》るのですね。

A

研修を受けた沖縄県立中部病院では、**ゼネラリストであることをたたき込まれました。そこも絶対に断らない病院で「患者への返事は2種類しかない、『はい』か『イエス』だ」と。**

一通りの科で研修することを「スーパーローテート」と言うのですが、診る患者数が他の病院より桁違《けたちが》いに多い。通常の10倍くらい、一つの科で1日あたり30人ほどを担当しました。離島《りとう》でお年寄りの終末期を診たことも、今につながっていると思います。

Q

なぜ医者になったのですか?

A

3歳《さい》の頃《ころ》に親が離婚《りこん》し、非課税世帯の母子家庭で育ちました。おもちゃやゲームなんて買えない。住んでいた県営住宅の外に教科書が捨《す》てられていて、それを拾っていわゆる先取り学習をしていました。

母が土日はガソリンスタンドで働いていたので、待合室で勉強しながら過ごしていた。勉強しか娯楽《ごらく》がなかったんです。クラスの女の子が「看護《かんご》師《し》になる」と言うのを聞いて「じゃあ僕《ぼく》は医者」と言ったら母親が感激《かんげき》してしまって。あとはドラマ「医龍《いりゅう》」の影響《えいきょう》も……。学費免除《めんじょ》で中高一貫校《いっかんこう》に拾ってもらって、道が開けました。

Q

初めて会う患者《かんじゃ》さんへのインフォームド・コンセントに圧倒《あっとう》されました。なぜ、それほど時間をかけるのですか?

A

1枚《まい》の真っ白な紙に末期、死戦期、最期までの変遷《へんせん》を図付きで描《えが》きながら説明していきます。あの紙1枚を貼《は》っておけば、何度も見返せる。**訪問《ほうもん》診療《しんりょう》の極意は患者さんの安心を積み重ねていくこと**だということに、開業して半年で気づきました。

僕は米国で実習もしているのですが、あるとき、HIV《エイチアイブイ》で死にゆく患者さんを安心させる声かけができなかった。やっぱり自分の得意な日本語を駆使《くし》して、患者さんを安心させるべきなんだと。ICでは雰囲気《ふんいき》作りをして、とことん時間をかける。患者さんが安心した瞬間《しゅんかん》「パチリ」とパズルがはまる感覚がするまでやります。

これからの超高齢《ちょうこうれい》社会、「家で死にたい」という患者さんの最期の望みをかなえ、地域《ちいき》でできることは地域でやる。コロナ禍《か》前から、ずっとそれをめざしています。

新聞掲載：2022年7月23日

終末治療（終末期医療《しゅうまつきいりょう》）はどんなことをするの？

終末期医療とは、延命《えんめい》を目的とした治療をせずに、身体的・精神的な痛《いた》みや苦しみを取り除《のぞ》き、生活の質（QOL = Quality of life）の維持《いじ》や向上を目的とした処置《しょち》のこと。医師は、終末期の患者《かんじゃ》や家族の意思をしっかりと確認し、これ以上の治療《ちりょう》はしないことを決定する。自宅《じたく》で療養《りょうよう》する終末期患者も多いが、痛みや苦しみを抱《かか》える患者も多いことから、ホスピス（終末期を穏《おだ》やかに過ごすための施設）に入院することもある。また、緩和《かんわ》ケア専門家の知恵を借りることも少なくない。最後まで、患者さんが自分らしく生きるために、医師、医療従事者《いりょうじゅうじしゃ》、患者、家族が協力し合っている。

自分にしか
できないことを
見つける
2

命にかかわる医療《いりょう》は公共財であるべき

ハート・オーガナイゼーション社長
菅原俊子《すがわらとしこ》

ITの力で医療《いりょう》をつなぐ

TVドラマが大好きな私の妄想《もうそう》に、しばし、おつきあいのほどを。

とある離島《りとう》に、医師は診療所《しんりょうじょ》にひとりだけでした。島民が胸《むね》を押《お》さえて倒《たお》れました。手術開始。医師の手が止まります。ボクにはムリだ。

「あきらめんな！」

医師の横に置いてあるスマホから、女性のゲキが飛び、こうしろ、ああしろと指示。決めぜりふです。

「わたし、スマホからでも失敗しないので」

「Dr.コトー診療所」の五島先生のとなりに、「ドクターX」の大門先生がいるかのよう……。そんな妄想を現実の医療現場で実現しているのが、「ハート・オーガナイゼーション」。その代表取締役《だいひょうとりしまりやく》である。

■命を救う、どこでも専門医《せんもんい》

事業は二つ。ひとつは、冒頭《ぼうとう》のようなサービス。つまり、**搬送中《はんそうちゅう》の救急隊や遠隔地《えんかくち》の医師がネットで送っ**

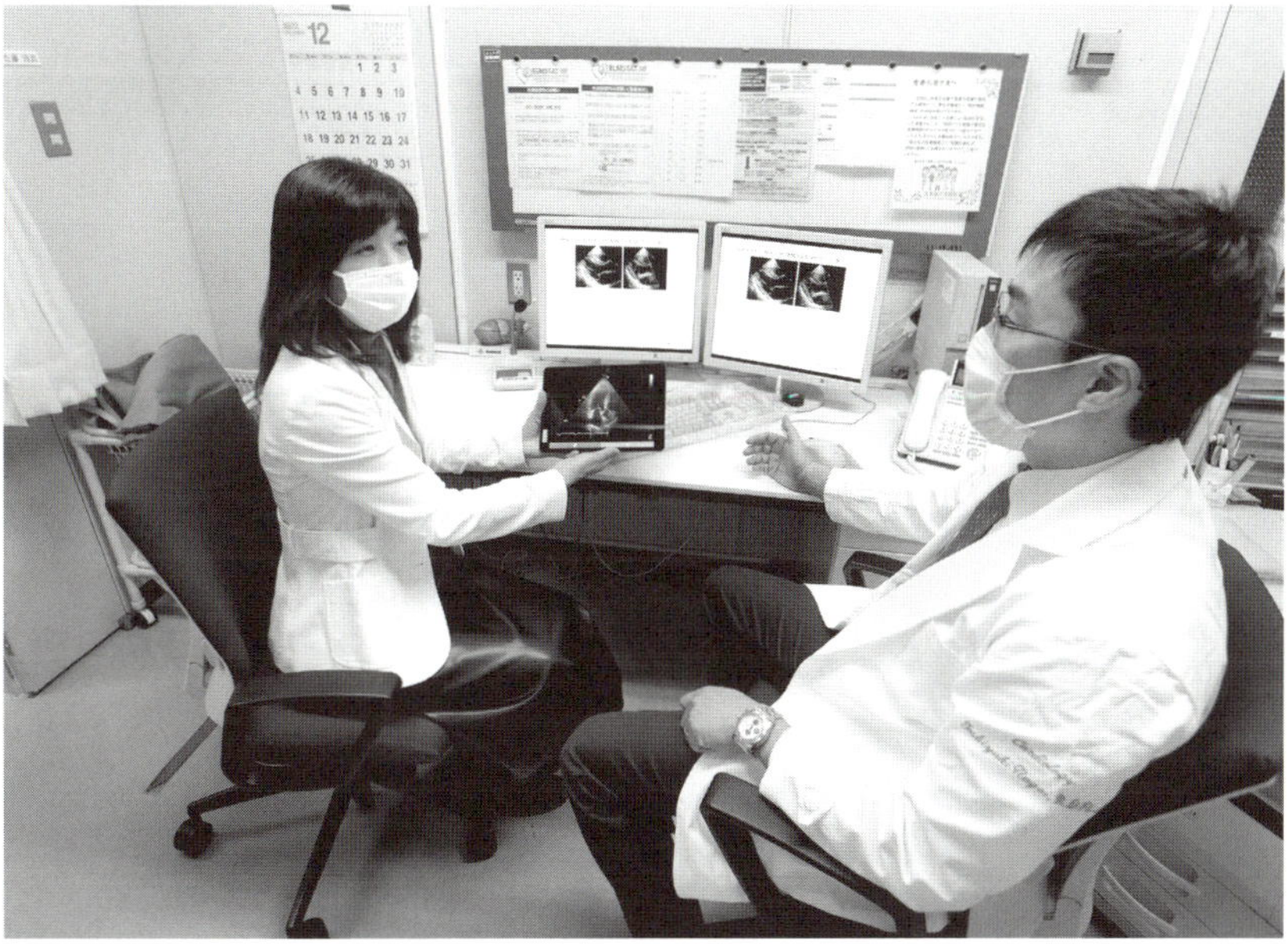

北海道大学病院にて打ち合わせ。永井利幸准教授（右）は「何よりあきらめない気持ちがすごい」と菅原さんを評する＝札幌市

てくる患者《かんじゃ》の動画や心電図を見て、専門医《せんもんい》が指示やアドバイスを出す。

もうひとつは、**世界中の医師をネットでつなぎ、手術の技、高度な知識をどこからでも学べるサービス**だ。こちらに登録している医師は6万人、世界120カ国を超《こ》える。

神奈川生まれの大阪育ち。短大を出てデパート社員、国際線のC《シー》A《エー》、大阪の外資系ホテル社員と渡《わた》り歩く。ホテルへの学会誘致《ゆうち》を担当《たんとう》して知り合った製薬会社に誘《さそ》われて転職、医師の学会の世話をしていく。命を救う人たちの裏《うら》方《かた》をして、初めて自分の存在意義を感じた。

なぜか、CAとしてインドに行ったときの記《き》憶《おく》がよみがえった。タクシーで

プロフィール

1968年 神奈川に生まれ、5歳《さい》で大阪へ。中学、高校とバレーボールに励《はげ》んだ。大学に行きたかったが、親に「短大の方がいいところに就職《しゅうしょく》できる」などと言われて短大へ。

1989年 阪急百貨店に入社、婦人服担当などをする。社会人3年目、「キャセイパシフィック航空」に転職し、国際線のCAに。さらに、国際的なホテルグループ「ハイアットリージェンシー」が大阪市に進出することを知って同ホテルに。その後、製薬会社「アストラゼネカ」に転職する。

CA時代の菅原俊子さん

2000年 大阪市で、医学の研究会を支援《しえん》する事業で独立。

2004年 「ハート・オーガナイゼーション」設立。現在、資本金約2億円、スタッフ数44人。

★起業後、関西学院大学総合政策学部、同大学院などで経済と経営を学んできた。

の移動で信号待ちをしていると、子どもたちが、何かくれ、と窓《まど》をたたいてきた。

〈あのとき20代だった私は、恐怖《きょうふ》しか感じなかったっけ。あの子たちのように貧しい人が病気になったら、必要な医療《いりょう》は届《とど》くのだろうか〉

2000年に独立、4年後、会社をつくる。学会の事務局を請《う》け負い、医療機器や症例《しょうれい》の発表の準備をしたり、手術の様子をライブ中継《ちゅうけい》したり。

冬、北海道士別市にて。この地には循環器《じゅんかんき》の専門医がいない。救急隊員たちは命を救う同志だ。

都会の専門医《せんもんい》にCDが届き、「患者《かんじゃ》の画像、見ていただけましたか?」と電話がかかってくるのを目撃《もくげき》した。地方の医師からの相談で、画像準備から電話するまでに数日かかっているとのこと。その数日が患者の命取りになりかねない。

貧富や生まれた場所の違《ちが》いによる医療格差。医療の技術や知識ならお金をかけずにネットで広げられ、格差を少しだけでもなくせる。２０１４年から順次、サービス開始。もっとも必要としていそうな地域に通った。北海道である。

菅《すが》原《わら》俊《とし》子《こ》さんに 聞いてみよう

Q

北海道で見聞きしてきたことの一例を教えてください。

A

ある中核《ちゅうかく》病院の心臓《しんぞう》の専門医《せんもんい》のところに救急車から電話がありました。

「心筋梗塞《しんきんこうそく》らしい患者《かんじゃ》がいます。専門医がいません。搬送《はんそう》します」。

15分後、心肺停止《しんぱいていし》したので搬送をあきらめます、と連絡《れんらく》がありました。

ドクターカーを走らせて患者を診《み》ると、心臓に液がたまったために心臓が破裂《はれつ》していました。たまった液を外に出していれば助かったかもしれず、その作業は、地元の医師でもできました。そういう悲しい例が、いくつも起こっています。

Q

残念ですね。その他にもありますか？

A

夜中、命が危《あぶ》ないと、専門医がいないところから救急車で2時間以上かけて、中核病院に運ばれてきた患者がいました。

専門医の診断《しんだん》は、様子を見ましょう、でした。命が助かるのは、うれしいことです。

でも……。深夜なので、利用できる公共交通機関がありません。都会とちがって宿泊場所もない。だから、患者さんは病院で朝まで、じーっと待たなくてはなりませんでした。救急隊員のみなさんにとっても、緊張《きんちょう》の2時間は必要なかったのです。

Q

北海道は、日本の医療《いりょう》で起こる問題が先行して起こっている、とか。

A

面積が広くて病院はまばらにしかなく、中核《ちゅうかく》になる病院も少ない。人口減で病院経営が苦しくなり、それが専門医《せんもんい》不足に拍車《はくしゃ》をかけています。そのうえ、高齢化《こうれいか》が進んでいます。

これは、全国の地方が向き合う未来です。心不全患者《かんじゃ》が急増する「心不全パンデミック」と呼《よ》ばれる事態が起こったら、中核病院にいる専門医だけでは命を救えません。

Q

もちろん、サービスを使っているのは北海道だけではありませんね。全国にも例がありますか？

A

熊本大学の病院にいる専門医と、少し離《はな》れた病院との間でも使っていただいています。

地方にいる専門医は当直だけでなく、夜間、離れた病院からのSOSで自分の病院に戻《もど》り、診断や指示をすることがあります。1年の半分の夜を拘束《こうそく》されているのです。弊社《へいしゃ》のサービスで、自宅《じたく》から指示できるようになった、と喜ばれています。

東京の大きな大学病院も、弊社のサービスを使っています。当直の医師の専門外《せんもんがい》の救急患者さんが搬送《はんそう》されてきます。当直医は、自宅にいる専門医から指示を仰《あお》ぐのです。

当直医の精神的なプレッシャーは減るし、専門医も病院に戻らなくてもいいので疲労《ひろう》を少なくできます。医師の働き方改革《かいかく》に、弊社のサービスは役立つと思います。

Q 菅《すが》原《わら》さんの心を突き動かす思いとは？

A

それは、**命にかかわる医療《いりょう》は公共財であるべき**だ、という思いです。

地方にいようが都会にいようが、**医療人には、目の前の命を救いたいという使命感があります。そこには計算はありません。**

でも、いまの医療をめぐる経済《けいざい》は、医薬品も医療機器も、たくさん売れることを優先《ゆうせん》しがちです。株主至上主義《かぶぬししじょうしゅぎ》、新自由主義の世の中では公共財としての医療を提供《ていきょう》することに限界があるのかもしれません。

人口の減少や財政の逼迫《ひっぱく》で、地方の病院が統廃合《とうはいごう》されています。それも、やむをえないと思っています。だからこそ、私たちはＩＴの力で、少しでも補完《ほかん》したいのです。

Q 読者の中には、自分には関係ない話、と思っている方もいるはず。自分事と捉《とら》えるには？

A

私が小学生だった頃、父が会社のソフトボール大会で人とぶつかって転《てん》倒《とう》して頭を強く打ち、急性硬膜外血腫《きゅうせいこうまくがいけっしゅ》となりました。子ども心に、父が死ぬかもしれないという恐怖《きょうふ》で頭がいっぱいでした。ラッキーなことに、すぐに手術を受けられ、障《しょう》がいも残らずに社会復帰できました。

もし、なかなか手術を受けられなかったら、父はどうなっていたか。つまり、**読者のあなたも、直面するかもしれない問題なのです**。

Q

IT化にはどのように対応していますか？

A

弊社《へいしゃ》には、エンジニアや映像《えいぞう》の専門家がいます。最先端《さいせんたん》の技術に目を光らせ、それを超《こ》えようとしています。

でも、今そこにいる患者《かんじゃ》さんの命も大切。だから、今提供《ていきょう》できる技術を精いっぱい、提供しているつもりです。

Q

冬の北海道は、当たり一面、雪ですが、目指すゴールは？

A

雪の中を列車で移動すると、車窓《しゃそう》からいつも、「あの向こうに患者さんがいるかもしれない。どうかご無事でいてください」と気になります。

新潟などの雪国も同じです。吹雪《ふぶき》、ホワイトアウト、アイスバーン。救急隊員は命がけで患者さんを運んでいます。その**命をかけた仕事を無意味にしたくありません**。

本当のフロントランナーは医師、看護師《かんごし》、救急隊員など、現場で命を救おうと闘《たたか》うみなさんです。私は、彼ら彼女らが、一人でも多くの命をあきらめないで済《す》むように精進します。

新聞掲載：2023年1月28日

Column もっとくわしく知りたい！

リアルな現場の最前線

「心不全パンデミック」が心配されるのはなぜ？

心不全とは「心臓の状態がだんだん悪化し、動悸や息切れを発症し、生命を縮める病気」のことだ。高齢になるほど発症しやすいことから、高齢化社会を迎えている先進国では心不全の患者数が急激に増加することが予想されている。怖いのは、それにより医師や医療従事者、病院のベッド数が不足してしまうこと。

このような事態になることを感染症患者の爆発的な広がりになぞらえて「心不全パンデミック」と呼んでいるのだ。

とくに超高齢社会の一途をたどる日本では、急ぎ対策が求められている。

自分にしか
できないことを
見つける
3

輝《かがや》け薬《やく》剤《ざい》師《し》、
患《かん》者《じゃ》のために

カケハシ社長
中《なか》尾《お》豊《ゆたか》

薬《やく》剤《ざい》師《し》をめぐる大いなる誤《ご》解《かい》をとく

病院で処方箋《しょほうせん》をもらい、薬局に行きます。たいして患者《かんじゃ》はいないのに、かなり待たされることがあります。

やっと薬を買えると思ったら、薬剤師に聞かれます。

「お薬手帳、お持ちですか？」

「アレルギー、ありますか？」

そんな質問にテキトーに答えた経験が、私にはあります。処方箋どおりに薬を出す、それが薬剤師のお仕事だ、と誤解《ごかい》していたからです。

じつは……。

待たされている間、薬剤師は処方箋の疑《ぎ》問《もん》点《てん》を医師に問い合わせている。「別の薬がいいのでは」「薬の量、減らしませんか」などと。その様子を患者は目撃《もくげき》できない。だから、患者は「早く薬を出してほしい」と思ってしまう。

■患者に寄り添《そ》える医療《いりょう》を

「カケハシ」は、そんな薬剤師をめぐる大いなる誤解をとく会社である。薬局、患者をITでつなぎ、患者にかかわる医療情報を共有する。

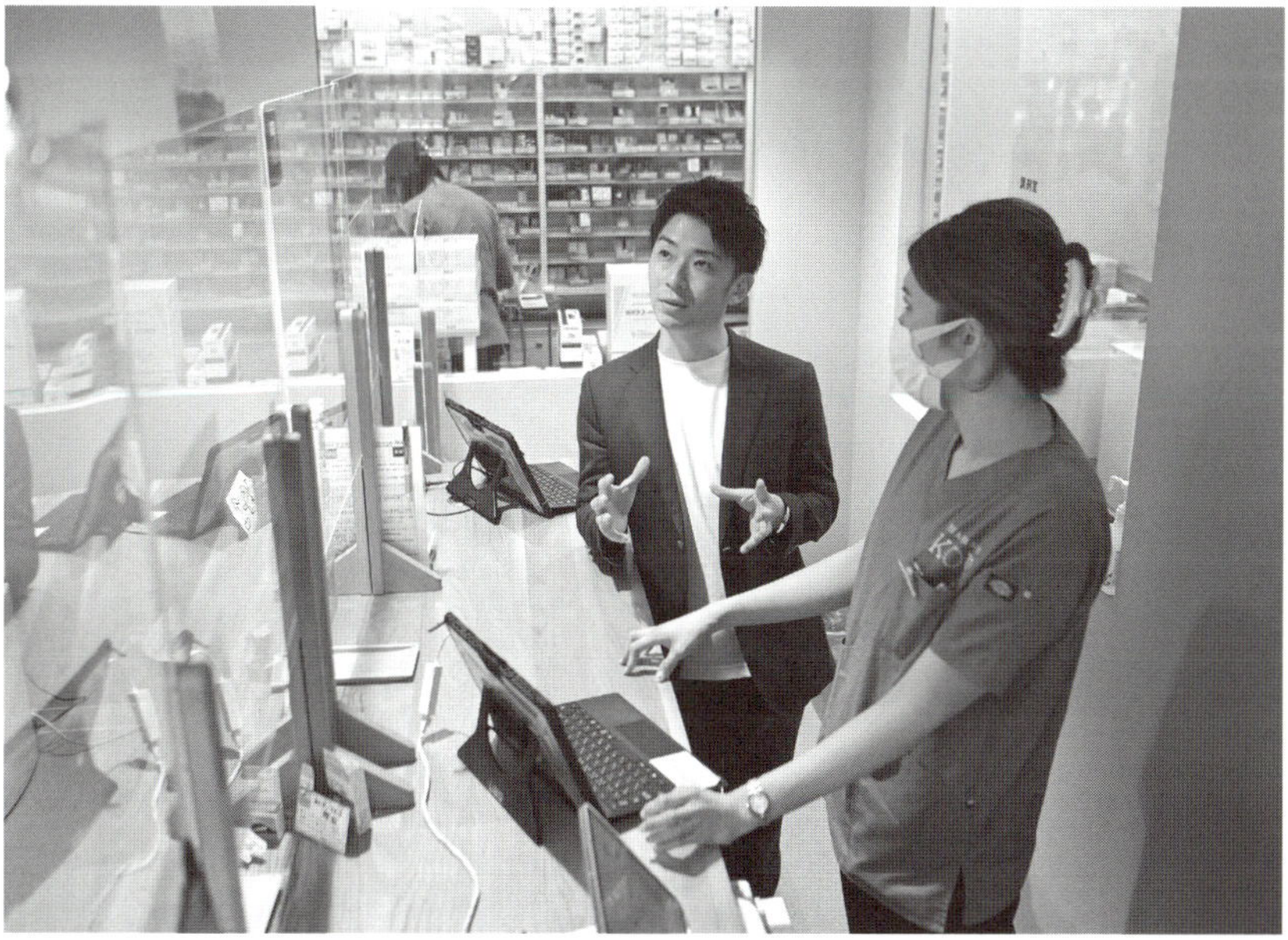

パソコン画面を開きつつ、薬剤師から要望を聞く。起業から6年、薬局の現場を大切にしつづけている＝東京都渋谷区

患者《かんじゃ》の情報が十分にあれば、薬剤師《やくざいし》は、この患者にはこの薬をこの分量で、と判断できる。薬の専門家《せんもんか》だからだ。

提供《ていきょう》するサービスでは、薬剤師と患者がオンラインで話もできる。

「お薬、飲めてますか?」

何度も話せば、薬剤師への信頼《しんらい》が高まる。国が2016年から始めた「かかりつけ薬剤師」という患者を思った制度、それにカケハシは魂《たましい》を入れる。

さらに、薬局のデジタル改革《かいかく》、いわゆるDX《ディーエックス》(デジタルトランスフォーメーション)につなげている。ボールペンで紙に書く薬剤師の仕事をペーパーレス化し、人工知能(AI《エーアイ》)で来局者数を予想したり、薬の在庫を管理したり。時間に余裕《よゆう》ができた薬剤師は、患者の対応に時間をまわせる。

日本にある薬局はおよそ6万とコンビニより多く、18万人の薬剤師が働く。**「すべての薬剤師を輝《かがや》かせたい。患者ひとりひとりにスムーズに寄り添《そ》える医療につながるはずだから」。**

プロフィール

高校生の頃の中尾豊さん

1987年 茨城県に生まれる。10歳で千葉県船橋市に移る。クラスや文化祭を盛り上げるムードメーカーだった。

2006年 医学部受験に失敗し、立教大学理学部へ。卒業後、武田薬品工業に入社し、「MR」として病院をまわる。

2016年 「カケハシ」起業。さまざまなビジネスコンテストで優勝。

2021年 薬局に在庫として残る医薬品を買い取って必要とする薬局に売る会社「Pharmarket（ファルマーケット）」を買収。

2022年 東京薬科大学の客員准教授《じゅんきょうじゅ》に就任《しゅうにん》。大学の高木教夫教授は「医療の受け手と担い手のことを常に深く考え、突き進む中尾さんの姿や人を動かす力に感銘《かんめい》を受けています」と話す。

★「カケハシ」の本社は東京都港区、従業員約350人。提供しているDXサービスの名は「Musubi（ムスビ）」。薬局と患者の架け橋になる、結びつけるという思いをこめる。

茨城生まれの千葉育ち。祖父は開業医で、母は薬剤師《やくざいし》。祖父に処方箋《しょほうせん》の疑問《ぎもん》をただす母が、まぶしかった。医師になることを期待されたが、医学部受験に失敗、大学の理学部で化学を学んで武田薬品工業へ。

製薬会社の一員として、病院をめぐった。患者《かんじゃ》の医療《いりょう》に対する満足度が低いことを、目のあたりにした。そして、自問自答するようになる。

〈自分の仕事は患者のためになっているのか?〉

28歳《さい》で会社をやめた。薬で困る患者さんを支援《しえん》する会社をつくろうと考え、400人を超《こ》える薬剤師に話を聞いた。見えてきたものは……。

今、必要とされない薬を薬局から買い取り、今、必要とする薬局に販売《はんばい》する。薬局の経営を支えることは、薬剤師を支えることだ＝東京都大田区

中尾《なかお》豊《ゆたか》さんに聞いてみよう

Q

400人を超《こ》える薬剤師《やくざいし》に話を聞いて見えてきたことは何ですか？

A

薬剤師に情報がないんです。まず、医師からの情報がない。この人は何の病気で、何のためにこの薬を出しているのか、その情報が薬局におりてこない。

処方箋《しょほうせん》を見て、薬剤師は推測《すいそく》します。だから、お薬手帳は見せてほしいと思うし、アレルギーはありませんかと聞くのです。

薬を服用している間の、患者《かんじゃ》のリアルタイムな情報も、ありません。薬の副作用がおきているのか、そもそも薬を飲んでいるのかさえ、わかりません。情報がないので、患者にどんな服薬指導をするのが適切なのかわからず、「お変わりないですか？　薬は食後に飲んでください。1500円になります」で患者との応対が終わっていました。

Q

薬剤師は薬を取りまとめているだけ、と思っている人も多いとか。

A

熱心な薬剤師もたくさんいます。

地域のお年寄り宅に薬を届けていた薬剤師が、80代の患者の様子がおかしいと気づきました。その方が飲んでいた十数種もの薬の副作用や症例を調べたものの、どれも当てはまらないのです。ところが医師らは「問題ない」と言うだけでした。その薬剤師はめげずに訴《うった》えつづけたので、根負けした医師が検査したところ、がんだとわかりました。

Q

薬剤師《やくざいし》は「名探偵《めいたんてい》」と言えますね。

A

熱心でない薬剤師に能力がないわけではありません。情報があれば患者《かんじゃ》に寄り添《そ》い、力を発揮《はっき》します。でも、DXにより患者情報を獲得《かくとく》できる、という発想がなかったのです。

薬局の経営では、来局者数を増やさなくてはなりません。薬剤師は、患者の対応をしつつ、提供《ていきょう》するサービスの質を高めなくてはなりません。**薬剤師の仕事のペーパーレス化などができれば、サービス向上に力を向けられます。**

Q

患者の見えないところで、薬剤師が医師に異《い》を唱《とな》えていることもあるとか。

Q

薬局のDX化は、患者にどんなメリットがありますか？

A

医師と薬剤師は価値観《かちかん》が違うのだ、と思います。医師は、おなかが痛《いた》いという患者の痛みを取ろうと考えます。薬剤師は、痛みは何かの薬の副作用ではないかと考えます。だから、薬の量を減らすべきだ、この薬は飲まない方がいい、などと判断するのです。**薬の提案ができる、貴重《きちょう》な存在《そんざい》な**のです。

かつては、薬剤師を下に見ていた医師もいたようです。薬剤師からの問い合わせに、「うるさい」などと相手にしなかった、という話はごまんとありました。

でも、医師の意識は変わりました。**看護師《かんごし》、介護福祉士《かいごふくしし》、そして薬剤師など地域《ちいき》の力を結集したチームでなければ、医療《いりょう》は成り立たない**のです。

薬剤師を見下す医師は、もういないと信じています。

A

薬剤師《やくざいし》とオンラインで話ができれば便利ですし、いろいろアドバイスもしてくれるので安心です。簡単《かんたん》な例でいうと、患者《かんじゃ》が、昼間ねむいときがあると薬剤師に話をする。薬剤師は、薬のせいだと見抜《みぬ》き、このタイミングでは薬を飲まないように、とアドバイスします。こういった相談の積み重ねで、自分にあう薬がわかってきます。

Q

薬局に行くと、後発医薬品（ジェネリック）にしませんか、とすすめられることがあります。どうすればいいのですか？

A

患者に販売《はんばい》するジェネリック医薬品の比率を上げると薬局にお金が入る仕組み、があるんです。医療費《いりょうひ》を抑えたい国としては、ジェネリック医薬品の安さは魅力《みりょく》ですから。もちろん、患者にとっても、安く薬が手に入るというメリットがあります。不安でしたら、それこそ薬剤師に気軽に聞いてください。

Q
2022年3月、薬剤師と薬局についての厚生労働省のワーキンググループで話をしたそうですが、手応えはどうでしたか？

A
患者と薬局、薬局と医療機関が連携《れんけい》すべきだ、と話しました。**国は、医療機関にあるカルテなどの医療データを統合しようと考えていますが、薬局がもつ患者の薬歴データともつなげてほしい**、と言いました。みなさん、大賛成でした。すべての医療がスムーズにいくよう、私たちの会社も役立ちたいと思っています。

ここが気になる！

ジェネリック医薬品と一般的な医薬品はどう違う？

ジェネリック医薬品（後発医薬品）とは、先発医薬品（新薬）の特許が切れた後に、同じ有効成分で製造、販売される薬。研究開発費が安くすむことから、先発医薬品より安価という特徴《とくちょう》がある。薬局で処方《しょほう》してもらう際は「お薬手帳」（いつ、どこで、どんな薬を処方されたかを記録する手帳）を持参しよう。今まで服用した薬を伝えることで薬によるトラブル回避《かいひ》につながる。

Q

これからの薬剤師《やくざいし》の活躍とは？

A

コロナに関係なく、薬剤師は医療《いりょう》の現場にきちんと薬を届《とど》けています。薬がほしいと来局する方のために、薬局は感染対策《かんせんたいさく》をしながら開け続けています。コロナワクチンの接種会場には、薬剤師がいます。注射《ちゅうしゃ》はできないけれど、ワクチンの準備に薬剤師は欠かせません。

どうしても医師や看護師《かんごし》が目立ちます。薬剤師の世界に「ドクターX」はいないと思いますが、**縁の下の力持ちとして、みなさんの命と健康を支えようと、エッセンシャルワーカーとしてがんばっています。**

みなさんにそれだけでも理解していただければ、きっと、ぜったい、薬剤師はもっともっと輝《かがや》きます。

自分にしか
できないことを
見つける
4

もっともっと保育の質を上げていきたい

保育士・育児アドバイザー
てぃ先生

現場の「知恵《ちえ》」、S《エス》N《エヌ》S《エス》で発信

「『はやくして!』と言わなくても子どもが動いてくれる裏技《うらわざ》は?」
「お風呂《ふろ》を嫌《いや》がる子どもがあっさり入る! 保育士オススメの解決方法」

現役保育士としての経験と知恵から生まれる育児のアドバイスを動画にまとめたユーチューブチャンネルの登録者数は、72万人。ツイッター(現・エックス)などと合わせると、SNSのフォロワー数は150万人に迫《せま》る。小さな子がいる保護者から絶大な支持を受け、講演会や自治体主催《しゅさい》の保育イベントなどに引っ張りだこの、誰《だれ》もが認《みと》めるインフルエンサーだ。

■頼《たよ》れる情報を

きっかけは、勤務先《きんむさき》の保育園の子どもたちだった。戦いごっこで「首を洗《あら》って」が言えず「せんせい、からだをあらって、まっていろ!」と叫《さけ》ぶ子、ミカンの種を飲んでしまい「せんせい…ぼくみかんになっちゃうから…さよなら…」と悲しそうに言う子。日々の可愛い言動を紹介《しょうかい》するツイッターを10年前に始めたところ、みるみるうちにフォロワーが増えた。

つぶやきを集めた本を2014

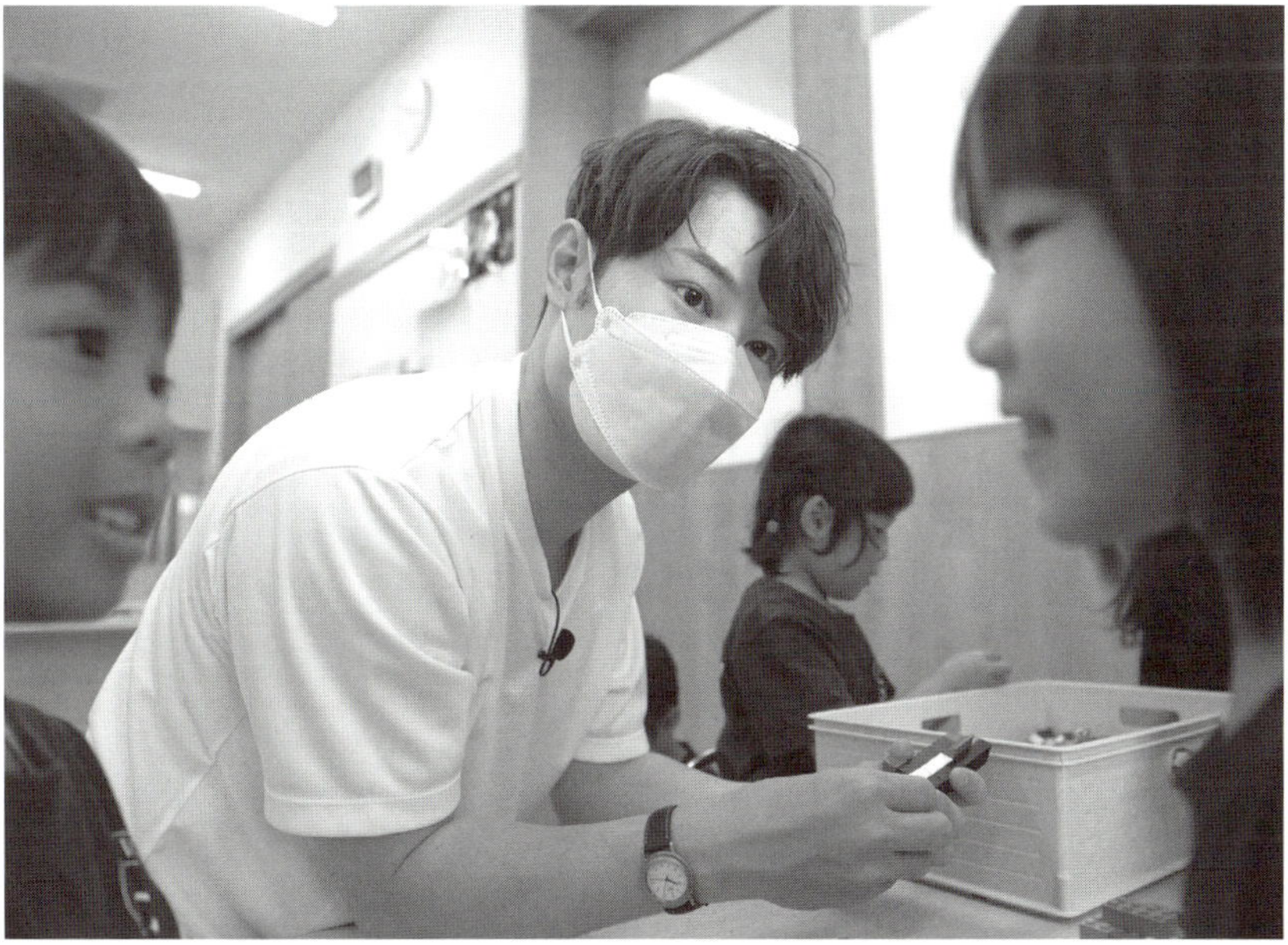

園児たちの何げない話に耳を傾ける。この日はテレビ局も同行したが、取材中も視線は常に子どもに向けられていた＝千葉県船橋市

年に出版すると、重版がかかった。「当時は保育士の過酷《かこく》な労働《ろうどう》環境《かんきょう》や一斉《いっせい》退職《たいしょく》など、ネガティブなニュースが多くて。**それだけじゃない、楽しさややりがいがあるんだよってことを伝えたかったんです**」。

発信するのは耳に心地よいことばかりではない。2019年、大津市《おおつし》で散歩中の園児ら16人が死傷《ししょう》した交通事故では、「保育士の配置にもっと余裕《よゆう》があったら、お散歩の内容も変わる」とツイート、保育士不足と国の配置基準の甘《あま》さのせいだと言い切った。

事故翌日《よくじつ》に現場にも赴《おもむ》き、「ガードレールがなく、お散歩ルートとしては危《あぶ》ない。今まで事故が起きなかったのが不思議だ」と発信。ネット上に「#保育士さんありがとう」のツイートがあふれ、「園に落ち度はな

ここが気になる!

大津市での園児事故とは?

2019年、滋賀県大津市で右折車と、対向車線を直進した軽乗用車が衝突《しょうとつ》。歩道にいた散歩中の保育園児らが巻《ま》き添《ぞ》えになり、当時2歳《さい》の2人が死亡《しぼう》、14人が重軽傷《じゅうけいしょう》を負った事故をさす。この事故から、散歩中の園児たちの安全を守ろうと、さまざまな安全対策が議論《ぎろん》され、「散歩コースの見直し」「付き添《そ》い人数の増加」など、対策が講じられるようになった。

い」という意見がほとんどの中での発言だった。**「自分たちが大変だと訴《うった》えるばかりじゃなく、保育士自身も変わっていかなければ」。アドバイザーを務める保育園では、保育方法だけでなく、保育士の効率的な働き方についても助言する。**「事務などの無《む》駄《だ》な業務を削《けず》れば、子どもと向き合う時間が増やせます」。

プロフィール

1987年 1987年生まれ。千葉県松戸市出身。両親、祖父母と妹の6人家族。幼《おさな》い頃《ころ》から妹や友人の弟妹の面倒《めんどう》をみるのが好きで、「専門職《せんもんしょく》になりたくて」保育士を目指す。

幼少期のてぃ先生

2012年 ツイッターを許可してくれる園を探《さが》して転職、「てぃ先生」のアカウント名でツイッターを始める。読み方は「Tせんせい」。「発信はひとりで決め、ひとりで始めた」

2014年 SNSにとどまらず、保育士・育児アドバイザーとしての経験を活かし、報道番組やバラエティー番組などで活躍《かつやく》。NHK Eテレ「ハロー！ちびっこモンスター」や、TBS「プチブランチ」など、TVのレギュラーを8本持つ。著書《ちょしょ》は累計《るいけい》70万部を突破《とっぱ》し、2022年の育児本カテゴリでは1位と2位を独占するという快挙を達成。全国での講演活動は年間50本以上で、他園で保育内容へのアドバイスを行う「顧問保育士《こもんほいくし》」の創設《そうせつ》と就任《しゅうにん》など、保育士の活躍《かつやく》分野を広げる取り組みにも積極的に参加している。

★保育・子育て関連本の蔵書《ぞうしょ》は5千冊《さつ》以上という。

では保護者は？「**自分を大切にしてほしいです。気持ちに余裕《よゆう》ができて親が笑顔になれば、子どもも幸せになる。**僕《ぼく》たち保育士にもっと任せてくれていいので、親はただただ、家で子どもをめでられるようになってほしい」。

多忙《たぼう》を極めるが、現役保育士であることにこだわり、今も保育園に勤務している。「勤《つと》めていないと現場のことはわからないし、僕、保育士辞めたらただの『てぃ』になっちゃいますからね」。

この日はアドバイザーを務める「Milky Way　International Nurseyy School 新船橋校」を訪れた。「昔の一斉保育から、今の主流は自由保育。より高い保育技術が求められている」＝千葉県船橋市

てぃ先生さんに聞いてみよう

Q

ツイッター（現・エックス）を始めて10年。「発信する保育士」の先駆《さきが》けですが、どう思われていますか？

A

今も他にいるのかな。みんなやればいいのに。保育業界や子育てのこと、もっと発信すればいいのにと思っています。

ここ数年、保護者さんなど、みんなが子育ての楽しいことをSNSで共有するようになって、僕はもうその役割《やくわり》を終えてもいいなと。園でお母さんお父さんの話を聞くと、保育士にとっては当たり前の子育てのハウツーが共有されていないことが多くて。ユーチューブでそちらを発信することにかじを切りました。

Q

動画を見ると、目からうろこの子育て方法が紹介《しょうかい》されていますね。

A

初めての育児って、わからないことばかり。虐待《ぎゃくたい》だって、子どもが困《こま》ったことをしたときに対処方法《たいしょほうほう》がわからないから、怒鳴《どな》ったりたたいたりすることから始まる。対応策《たいおうさく》や頼《たよ》れる情報を出せればと思って、やっています。**大切なのは「知っておくこと」なんです**。保育士5年目の頃《ころ》、普段《ふだん》のやり方では対応できないお子さんがいて、昔学んだけれど自分の価値観《かちかん》とは違《ちが》う方法を試してみたら、うまくいった。子どもは親とは別人格ですから、親の価値観とは異《こと》なる方法が合う場合もあるのです。

Q

保育業界についても、歯に衣着《きぬき》せず発言していますが、どんな意図があるのですか？

Q

保育業界で最も変えないといけないことは何ですか?

A

ゲームチェンジャーといいますか、**状況《じょうきょう》をちゃんと説明し、変えていく現場の人間が必要**です。

「保育士は大変」と言うのは簡単《かんたん》ですが、**環境《かんきょう》が変わるのをただ待っていてはだめなんです。**大変、可哀想《かわいそう》という価値観だけで地位向上や待遇改善《たいぐうかいぜん》を求めるのではなく、業界の内側からもできることをやっていかないと。

「可哀想」の結果が、2022年2月に始まった処遇改善臨時特例事業《しょぐうかいぜんりんじとくれいじぎょう》です。収入《しゅうにゅう》の3%程度(月9千円)が上乗せされますが、支給するかどうかは運営者任せ。感情論では変わりません。

A

保育士の数や賃金《ちんぎん》を増やす前に、まず業務量を減らすことです。例えば「壁面構成《へきめんこうせい》」と呼《よ》ばれる、保育室の壁《かべ》に飾《かざ》る季節の行事にちなんだ絵などの制作は、最もわかりやすい例です。「季節感を味わえるように」「明るい雰囲気《ふんいき》づくり」など、もっともらしい理由はありますが、制作にこだわる必要はありません。

無駄《むだ》で不効率な書類業務も多すぎます。毎月行う避難《ひなん》訓練の計画書を毎回、一から書かせる園もある。たとえ同じ内容であってもです。

その月の保育計画、「月案」は、一人ひとりの子ども用と全体用があって、全体用は毎年、内容がほぼ同じでも、一から書く。体感として、子どもと直接関わる仕事は全体の2割《わり》ほどになってしまっています。

それからやはり、「保育士の配置基準」の話は欠かせません。4、5歳《さい》児クラスだと30人の子どもを一人で担当《たんとう》します。これで怪我《けが》なく安全に、というのは無理があります。

Q

なぜ負担が減らないのでしょうか？

A

保育業界が変化を恐《おそ》れているから。去年問題がなかったから、今年もこれでいこうと。あとは金銭面《きんせんめん》。例えば連絡帳《れんらくちょう》を手書きからデジタルに変えたくても、パソコンやタブレットを購入《こうにゅう》する余裕《よゆう》がないため、導入が難《むずか》しい施設《しせつ》もあります。**結局、国の子育てや保育予算が少なすぎるんです。政治家にとって、子育て世代は選挙の票田《ひょうでん》ではないからです。**

Q

通園バスへの置き去りや虐待《ぎゃくたい》など、保育園を巡《めぐ》る事件や問題が後を絶ちませんがどう思っていますか？

A

ほとんどは、先生たちに余裕がないことが原因です。余裕がないから、目が届かなくなり、弱いものに当たり、いい保育のアイデアも浮かばなくなる。**今、先生たちに必要なのは技術や知識ではなく、余裕《よゆう》です。**

保育園の業務については、完全に「ゴミ屋敷《やしき》」状態です。どんどん外から入ってくるばかりで、いらないものを捨てられない。コロナ禍《か》で、消毒などやることは増えたのに、他の業務を何も手放さないのです。

余裕がないなかで保育の質を上げようとしても、できるわけがない。いよいよ我慢《がまん》の限界で、先生たちの一斉退職《いっせいたいしょく》が相次いでいるわけです。

Q

これから保育園はどうなるのでしょうか。

A

子どもの数は減るので、潰《つぶ》れていくのでは。ただ、良い側面もあって、優秀《ゆうしゅう》な先生だけが残る可能性があります。保育園は子どもを預《あず》かるだけのところではない。子どもたちが生活する場所なのですから、保護者さんが「どこでもいいから入れてよかった」ではなく、「希望していたあの園に入れた、よかった！」となるのはいいことです。

とにかく、もっともっと保育の質を上げていきたいです。例えば今、国の保育士配置基準では、1歳児《さいじ》6人に先生は1人です。これが3人に1人になれば、先生が「ちょっと待ってね」と子どもを待たせる場面を減らせて、きめ細やかにみることができます。

保育が充実《じゅうじつ》すれば、親御《おやご》さんも子育てしやすくなる。共働きが増えて昔とは違《ちが》うのだから、自分が親にしてもらったことを我《わ》が子にしてやれないからと、自分を責めないで。**いい子育てをするには、まずは親御さんが幸せになること。そのためにも、より広く情報発信していきたい**です。

新聞掲載：2022年9月10日

Column もっとくわしく知りたい！

リアルな現場の最前線

なぜ保育士の待遇《たいぐう》は改善《かいぜん》されないの？

保育士の仕事は、預《あず》かった子どもたちを見守る、責任が重い仕事だ。体力的にも精神的にも大変な仕事にもかかわらず、保育士の給与《きゅうよ》は上がらない……。なぜだろう？

じつは保育園は、多くの人が利用できるように高額の金額を請求《せいきゅう》できない事情がある。国は保育園に補助金《ほじょきん》を出し、保育園はそれを運営や給与の費用としているためだ。

さらに近年、問題となっている待機児童（保育園に入れず順番待ちをしている状態の児童）の解消は保育士の待遇改善《たいぐうかいぜん》、人材確保がカギだ。国や自治体の早急な対応が求められている。

自分にしか
できないことを
見つける
5

その人らしさを取り戻し
穏《おだ》やかなお別れを

エンバーマー
橋《はし》爪《づめ》謙《けん》一《いち》郎《ろう》

穏《おだ》やかなお別れのために

亡《な》くなった人の体を変化させることなく、安らかな姿《すがた》にする衛生保全・修復の技術。それが「エンバーミング」だ。

多死社会を迎《むか》えるなか、エンバーミングの役割《やくわり》は今後大きくなっていくとみられる。「**エンバーミングを行うことで、病気や事故で亡くなってしまった方の遺体《いたい》を生前の元気だった頃の姿に近づけ、穏やかなお別れができるようになります**」。

これまで、日米で合わせて5千体以上の遺体と向き合ってきた。現在は現役をほぼ引退《いんたい》したが、エンバーマー（遺体衛生保全技術者）約100人の教育に関わった。

■家族の願いをかなえる技術

1967年、北海道千歳《ちとせ》市生まれ。大学卒業後、「ぴあ」に就職《しゅうしょく》した。父親は葬儀《そうぎ》会社を経営していたが、継《つ》ぐ気はなかった。ところが1993年、米国の葬儀事情を視《し》察《さつ》してきた父から「アメリカにエンバーマーという職業がある。現地に行ってやってみないか？」と言われたことで、運命が変わる。

グリーフサポートのセミナーで、参加者の質問に答える。後ろにあるのは、資格認定者《にんていしゃ》から寄せられた橋爪さんと妻清美さんへのお礼のメッセージ＝東京都中央区

最初は戸惑《とまど》った。ぴあでの仕事は面白かったが、「ほかに代えが利く」とも思った。エンバーマーは日本人ではまだほとんどいないと聞き、挑《ちょう》戦《せん》したいという気持ちが芽生えた。

翌年《よくねん》渡米《とべい》し、専門《せんもん》大学に入った。教科書全部を暗記するほど学び、卒業時の成績はトップになっていた。全米のフューネラル（葬祭《そうさい》）ディレクターの資格を取得後、大学院に通いながら、米国籍《べいこくせき》がなくてもエンバーマーの資格がとれるカリフォルニア州の葬儀社《そうぎしゃ》でインターンを始めた。

遺《い》体《たい》と向き合う日々が続いた。1体の処《しょ》置《ち》に2〜3時間かかる。「最初からこわいとかいうのは、ありませんでした。**ご家族がどうしたら穏《おだ》やかな気持ちになるかずっと考えていた**ので」。

プロフィール

大学卒業時の橋爪謙一郎さん

★成城大学法学部を卒業後、「ぴあ」に就職《しゅうしょく》。「自分の企画が形になったときが、うれしかった」

1994年 渡米、ピッツバーグ葬儀科学大学で葬祭科学を専攻《せんこう》し、フューネラルディレクター全米国家試験に合格。その後、ジョン・F・ケネディ大学大学院でグリーフケアを学ぶ。

★カリフォルニア州エンバーマーのライセンスを取得して2001年に帰国。2003年から、IFSA（一般社団法人日本遺体衛生保全協会）スーパーバイザーとして日本人エンバーマー育成教育機関の立ち上げに参画。

2004年 有限会社ジーエスアイ（現・株式会社）を設立。エンバーミング事業と共に、「グリーフサポートセミナー」の提供《ていきょう》を開始する。

★マンガ「死化粧師《しげしょうし》」（祥伝社）のモデル。

エンバーマーのライセンスを取得して2001年に帰国。神奈川の冠婚葬祭《かんこんそうさい》専門学校で副校長を務めた後、東京と大阪のエンバーマー育成教育機関の立ち上げに加わり、講師として技術者育成に尽力《じんりょく》した。

義父をエンバーミングしたときのことを覚えている。最初はこわがっていた息子たちが、エンバーミングを施《ほどこ》すと、「じいじ、帰ってきた」と近づいていった。義父の顔には、笑みが浮《う》かんでいるようにみえた。「その人らしさを取り戻《もど》したんです。何もしなければ、遺体《いたい》はどんどん変わっていきます」。

心の中に抑《おさ》え込《こ》んだ「喪失《そうしつ》体験に伴《ともな》う悲しみ」を出せるよう支援《しえん》する「グリーフサポート」にも力を入れる。「エンバーミングもグリーフサポートも、ご遺族らの安心・安全を確保するための道具です」。家族がゆっくりとお別れできる社会を目指している。

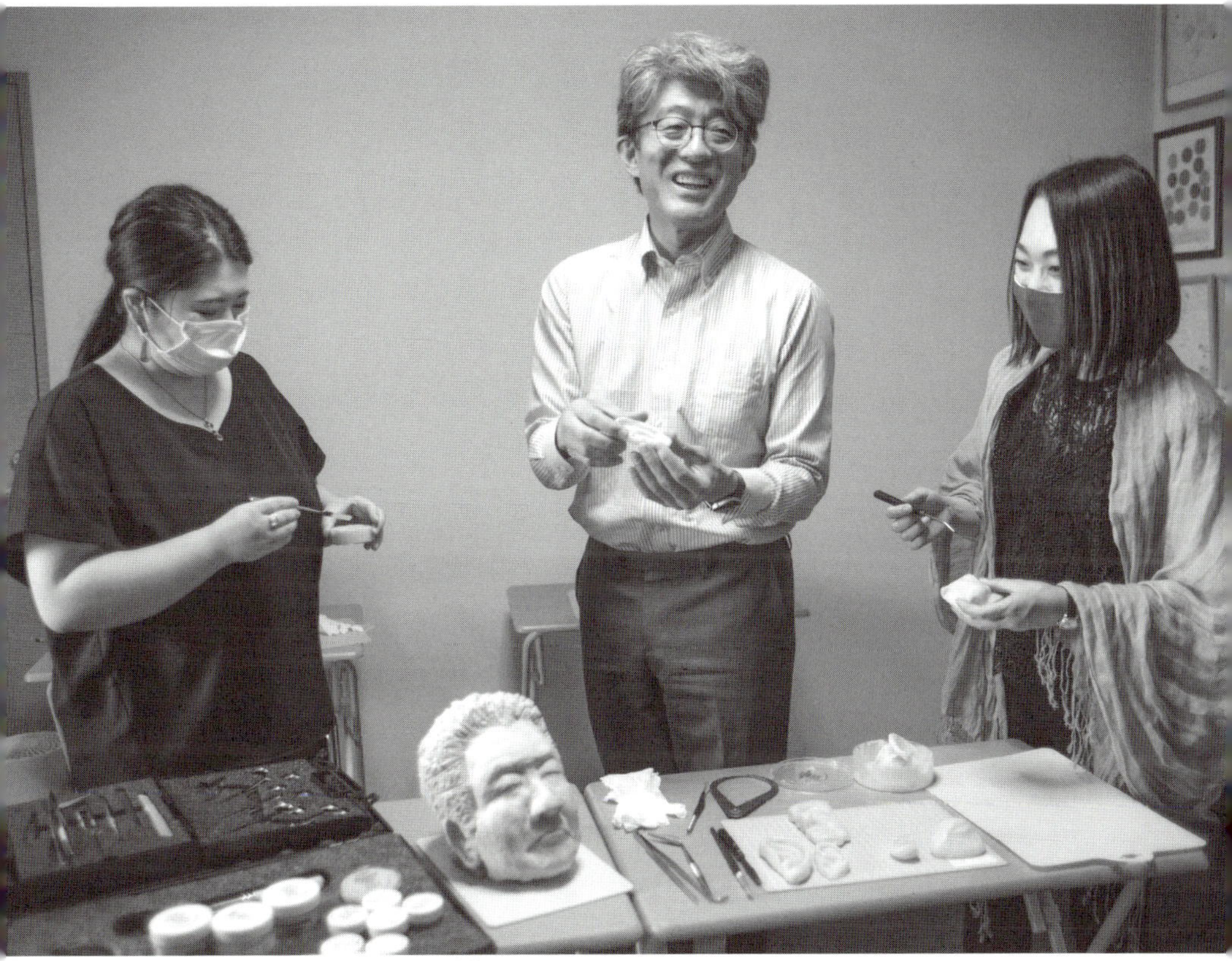

エンバーミングの器具や顔などの模型《もけい》を使い、エンバーマーらと技術について意見交換をする＝東京都中央区

橋爪謙一郎《はしづめけんいちろう》さんに 聞いてみよう

Q

エンバーミングとは、どんな処置《しょち》のことをいうのですか？

A

火葬《かそう》までの間、お体を変化させることなく生前の元気な姿《すがた》に近づける衛生保全、修復の技術です。

具体的には、全身の消毒処置と洗浄を行った後、頸動脈《けいどうみゃく》部などを切開し、動脈から防腐《ぼうふ》効果のあるホルムアルデヒドを主成分とする薬液を注入して、血管を通じて体内に浸透《しんとう》させます。そして同時に、静脈から血液を排出《はいしゅつ》します。

また、亡《な》くなった方を生前の元気な姿に近づけるように、色素の入った薬液を注入して肌《はだ》を自然な色に戻したり、ご遺体《いたい》の陥没《かんぼつ》している箇所《かしょ》を復元したりします。

Q どんなメリットが？

A まず、**ご家族がゆっくりお別れできる**、ということです。仕事の関係でご家族がすぐに来られない場合も、ご遺体を穏《おだ》やかな状態に保つことができます。

もう一つは、**その人らしさを取り戻《もど》す**、ということです。義父のケースも、「死体」から「人」に戻ったのだと思います。エンバーミングは、葬《そう》儀《ぎ》のタイミングなど、家族の思いをかなえてあげる技術といってもいいでしょう。

Q

実習で、ご遺体《いたい》と向き合ったとき、最初、抵抗《ていこう》はなかったですか？

A

常にご遺族のことを考えて処置《しょち》していましたから、抵抗はなかったです。ご遺族のグリーフサポートのために、やっていたと思う。どこをどう直せば、きれいになる？　この傷《きず》はどういう薬を使えばきれいになる？　と、頭の中で分析《ぶんせき》しました。残された家族・友人にとってどうか、というところに視点《してん》を合わせたのです。

お一人の処置にだいたい2〜3時間かかります。クラスメートがみんなキリスト教徒で、クリスマスイブには礼拝《れいはい》などに行ってしまったので、私1人で7体を処置したこともあります。そのときも常にご遺族目線で処置していました。

Q エンバーミングの際に気をつけてきたことは？

A

故人に話しかけるようにしていました。

おじいちゃんが亡《な》くなったとしたら、「すごくイケメンな姿を見せて、おばあちゃんにキスしてもらおう」とか。たとえ魂《たましい》がほかのところにいってしまったとしても、遺体として見ることはしたくありません。

お体のいろんなところが教えてくれます。手とか爪《つめ》とかから、生きてきた人生、生活感が見えます。

亡くなると、指に縦《たて》にしわが寄るが、血色が戻ると、生前の手に戻る。普通《ふつう》に手を握《にぎ》れるようにもなります。

しかし、**必ずしも傷を全部隠《かく》すことが善《ぜん》とは限りません**。交通事故から、だれかを守ったその傷が名誉《めいよ》の傷、ということもあるからです。

Q アメリカで印象に残った事例は？

A

カリフォルニアのインターン時代に赤ちゃんのエンバーミングをしたことでしょうか。

母親は事情があってご主人に妊娠《にんしん》したことを告げられず、心筋梗塞《しんきんこうそく》で亡《な》くなりました。赤ちゃんは死産でした。どうやら、女性は自分がやり遂《と》げたい仕事をやめさせられる、と思ったらしいのです。

不貞《ふてい》の子だと勘違《かんちが》いしたご主人は、「赤ちゃんは処分《しょぶん》してくださって大丈夫《だいじょうぶ》です」と言っていました。

でも私は、せっかく生まれてきたのに、だれからも祝福されないのは、

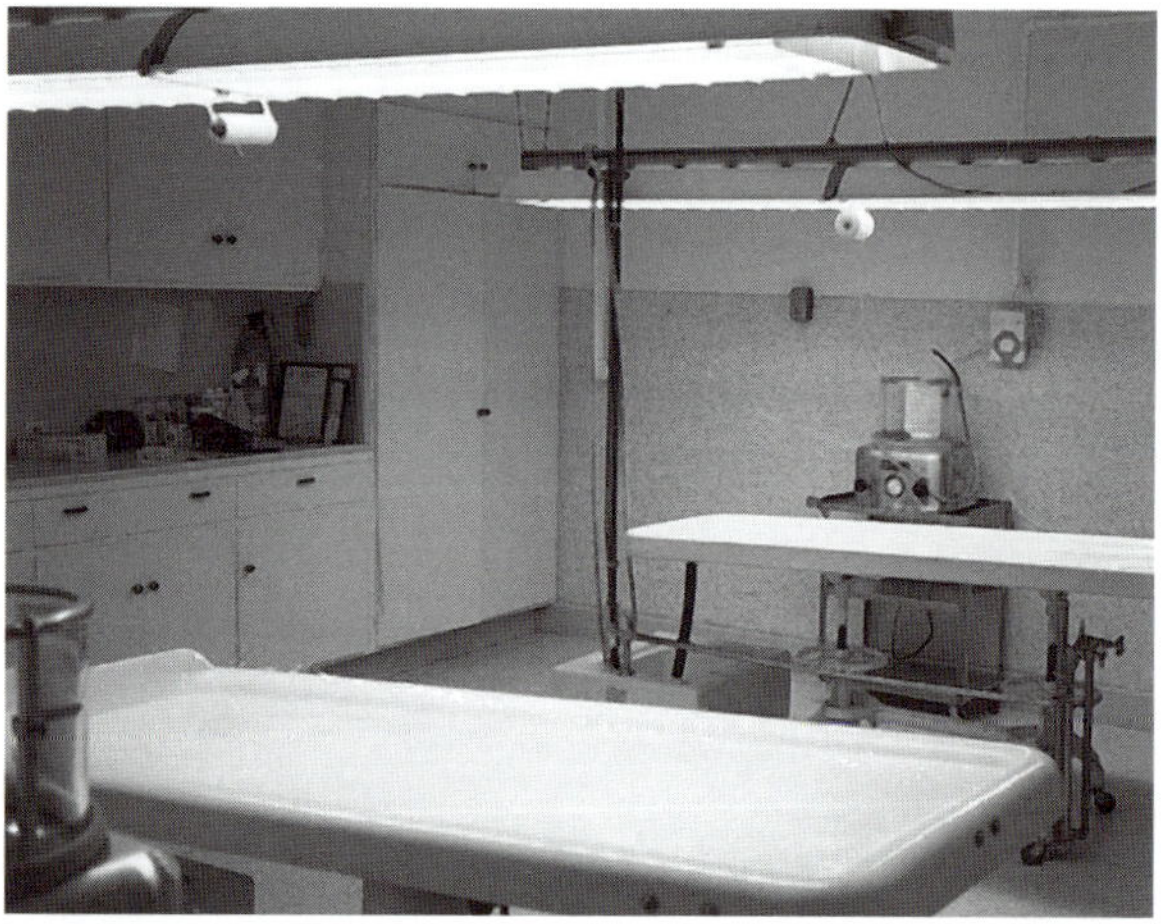

米国のエンバーミングセンター

かわいそうだと思いました。翌朝《よくあさ》、ご主人は事情を知っている友人から話を聞いたらしく、「子どもに会わせてほしい」と言い出し、結局赤ちゃんにもエンバーミングをしたのです。

人が亡くなったとき、冷静な判断ができない人もいます。**エンバーミングという処置で時間をつくり、周りから情報提供《ていきょう》を受ければ、いいお別れができます。**

Q グリーフサポートとは、何をするのですか？

A 大切な人を失い、心の中に抑《おさ》え込《こ》んでいる気持ちを出せるようにサポートすることです。その人が心のフタをあけるお手伝いをする、ということです。具体的には話を聴《き》くなどします。

そのためには、やはり遺体《いたい》と対面しないといけない。

しかもそのご遺体が、生前の姿《すがた》に近くないと、「気持ちの吐露《とろ》」ができません。グリーフサポートとエンバーミングは、相互補完《そうごほかん》的なものだと思います。

Q 日本での今後のエンバーミングの可能性は?

A

エンバーミングの件数は徐々《じょじょ》に増えていますが、まだ全死亡者の4%ほどしか、処置《しょち》を受けていません。エンバーミングセンターも、27都道府県にしかありません。

コロナ禍《か》の影響《えいきょう》も大きいのではないでしょうか。通常のお別れができないことが多くなり、葬儀《そうぎ》全体に必要性を感じなくなる人が増えたような気がします。

なので、エンバーミングという選択肢《せんたくし》にたどり着かないというのが正直なところだと思います。しかし、ご利用いただいた多くの方からは、納得《なっとく》のいくお別れができたと言われます。

改めて、エンバーミングの必要性を啓発《けいはつ》していく必要があると思います。

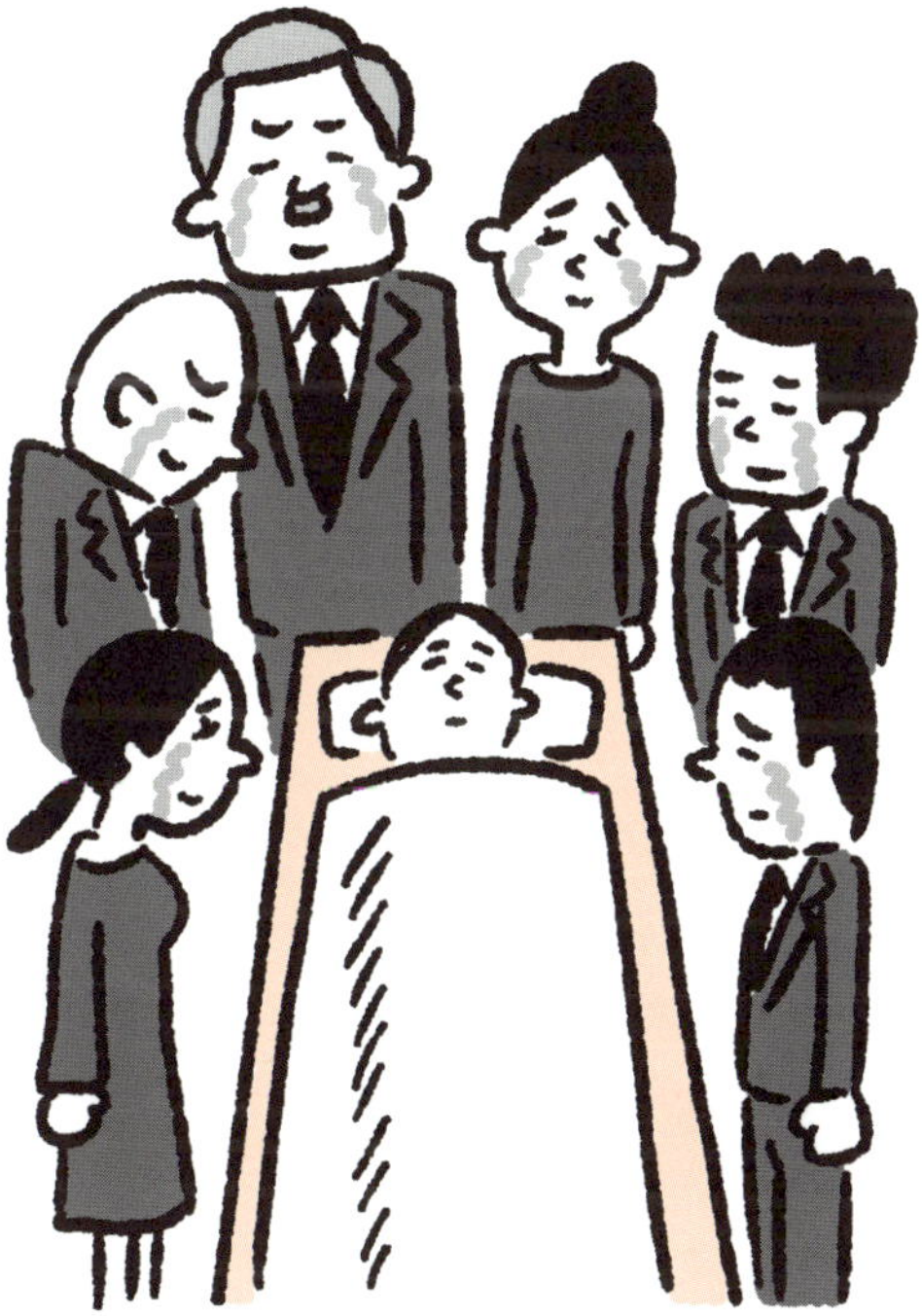

Column もっとくわしく知りたい!

リアルな現場の最前線

海外で身内が亡《な》くなったら、どんな手続きが必要なの?

身内が海外で亡くなったら……あまり考えたくないことだが、実際に起こってしまったときの手順が決まっている。

まず、外務省から死亡連絡《しぼうれんらく》がくる。次に、遺体《いたい》が保管されている国の在外公館《ざいがいこうかん》(日本が諸《しょ》外国に設置している大使館、総領事館、領事事務所など)へ連絡。諸外国ごとにルールが異《こと》なるので、「今後どうするべきか」を確認《かくにん》し、遺体を引き取るために現地へ渡航《とこう》する。

海外から日本へ遺体を運ぶ際には、遺体に「エンバーミング」を施《ほどこ》して、空輸もしくは船便で運び、日本へ到着《とうちゃく》後、遺体を自宅《じたく》や安置先へ搬送《はんそう》するという流れになっている。

自分にしか
できないことを
見つける
6

祭りで、日本を盛り上げる

オマツリジャパン社長
加《か》藤《とう》優《ゆう》子《こ》

なぜお祭りをサポートするビジネスがないのか？

2022年5月21、22日、東京の浅草神社で三社祭《さんじゃまつり》が開かれた。コロナ以降3年ぶりに宮みこしの巡行があり、会場は熱気に包まれた。コロナ禍《か》が一時より落ち着き、各地でお祭りが開かれている。「お祭りの継承《けいしょう》に向け、必死に頑張《がんば》っている地域《ちいき》が多い」と実感する。

幼《おさな》い頃《ころ》から絵描《か》きを目指した。美術大学で現代アートを学んでいたが、3年生だった2011年3月、東日本大震災《だいしんさい》が起きた。未曽有《みぞう》の災害を前に「自分のアートでは、人を救えないのではないか」と、無力感に襲《おそ》われた。

日本中が暗く沈《しず》むなか、8月に青森ねぶた祭に足を運んだ。観光客は少なかったが、地元住民らが続々と外に出てきて、踊《おど》り始めた。元気な人たちを久しぶりに見た気がした。「お祭りって、こんなに人を笑顔にするパワーがあるんだ」。

■「発想の転換《てんかん》」でお祭りをサポート

卒業後、漬物《つけもの》メーカーで働きながら、人手不足などで困っているお祭りの手伝いをするようになった。

支援《しえん》に専念《せんねん》しようと300万円

三社祭のみこしの前で。3年連続で開かれないお祭りはノウハウの継承が難しくなる、と感じている＝東京・浅草

をためて退職《たいしょく》し、2015年に1人で会社を立ち上げた。

経営の知識はなく、苦難《くなん》の連続だった。スタッフが足りないお祭りの企画《きかく》・運営に半年間携《たずさ》わったが、渡《わた》された謝礼は数万円。運営の資金不足で、これが限界という。会社の1年目の売上高は、約140万円だった。

でも、おかしいと思った。日本は年間30万件のお祭りを開くほどの「お祭り大国」だ。単純《たんじゅん》計算で1日800件以上。

なぜお祭りの運営が行き詰《づ》まるのか。困っている人がいるのに、それを助けるビジネスが

ここが気になる!

有料化が進む花火大会

花火大会の有料化はコロナ後に増加した。帝国《ていこく》データバンクの調査によると、主要な106の花火大会のうち、約7割にあたる77大会で観覧《かんらん》エリアに「有料席」を導入していることがわかり、2023年の平均席料は4,768円。最も高額な有料席には「小田原《おだわら》酒匂《さかわ》川《がわ》花火大会」で販売《はんばい》された「Sタイプ/ベッド席」の30万円（大人2名）がある。

なぜないのか。

発想を変えた。お祭りを生かしたい人は誰《だれ》なのか。観光振《しん》興《こう》につなげたい自治体や自社商品をPRしたい企業だと気づいた。ビジネスを回して、地《ち》域《いき》にお金が落ちるようにすればいい。

プロフィール

1987年 東京都練馬区生まれ。子ども時代はおとなしい性格だった。大学受験で2浪《ろう》して、神奈川の女子美術大学へ入学。3年生のとき、東京の武蔵野《むさしの》美術大学に転入した。

幼少期の加藤優子さん（前列右）。祖父母（後列）と妹とともに「青森ねぶた祭」に出かけた＝本人提供

★卒業後に入社した漬物《つけもの》メーカーでは、デザインや商品開発を担《にな》った。2014年に任意団体としてオマツリジャパンを創業《そうぎょう》し、15年に法人化した。

2017年 2人の男性が入社して3人体制になり、事業がうまく回るように。「みこしは1人では上がらない」「1＋1は2ではない」と実感した。

★好きなお祭りは青森ねぶた祭。祖父母の家が青森県にあったので、幼《おさな》い頃《ころ》から毎年通っていたねぶた祭のように「一体感、熱狂《ねっきょう》、美しさ」の三つがそろうお祭りにひかれる。

★4人家族で、5歳《さい》の女児と4歳の男児の子育て中。週2回は自宅からリモートで仕事をしている。

協賛金を大企業《だいきぎょう》や自治体から得るために、営業に出向いて地域《ちいき》とつないだり、自社の商品をPRしたい企業のために会場にブースを設けたり、有料の特別席を設けて収益《しゅうえき》につなげたり。

コロナ禍では、感染《かんせん》拡大《かくだい》への恐《おそ》れからお祭りを開けない地域が目立った。収益の一部をお祭りの運営にあてる奇祭《きさい》応援《おうえん》Tシャツやお祭り応援ビールなども企業と組んで開発し、オンラインで売り出した。

20～30代の「働き盛り」もお祭りへの関心が高いが、かかわり方がわからない人が多いという。オマツリジャパンでは、各地のお祭りの運営などを支えるボランティアも募《つの》っている＝東京・浅草

売上高は、2022年には約3億円に達した。お祭りの課題を解決する専門《せんもん》会社として、存在感《そんざい》を増しているが、すべてのお祭りを残したいわけではない。地域の決断でお祭りをやめるのは仕方がない。だが、残したいのに残せないのは「もったいない」と感じている。

「変化を促《うなが》すことで存続《そんぞく》できるお祭りがあるなら、全力でサポートしたい」。

加藤《かとう》優子《ゆうこ》さんに聞いてみよう

Q お祭りの現状を教えてください。

A 日本は30万件のお祭りがあるとされ、「世界一のお祭り大国」と言われます。お祭りでの年間消費額は約2・8兆円、延《の》べ参加人数は約1・7億人とされています。

例えば青森ねぶた祭は6日間の期間中、県のGDPの1%弱を稼《かせ》ぐそうです（日本経済新聞社による）。

また、その経済効果は全国で少なくとも年5300億円を超《こ》えることがわかっているのです（日本経済新聞社、50の信用金庫の調査による）。

お祭りはその土地に住む人たちの生きがいや文化の継承《けいしょう》にもなります

し、観光での活用も大いに注目されています。

Q

訪日《ほうにち》客にもお祭りは人気ですか？

A

日本に長期滞在《たいざい》する欧米《おうべい》の人には、おみこしを担《かつ》いだり踊《おど》ったりして参加できるお祭りが特に人気です。日本文化を体験できるのは、訪日客にとって魅力的《みりょくてき》なんです。

日本が観光立国を目指すには外国の方に来ていただくことが大事ですが、東京や大阪、京都は、人であふれています。

地方経済《けいざい》の活性化を考えると、田舎の奥地などにも行ってほしいんです。そのカギを握《にぎ》るのが、お祭りだと考えています。

花火など夜の観光コンテンツがあれば宿泊《しゅくはく》してくれる人も増え、地域《ちいき》経済がうるおいます。

Q 少子高齢化《しょうしこうれいか》や人口減が続くなか、お祭りの存続《そんぞく》には何が必要ですか？

A

やはり、いかにお金を落としてもらうかを考えるべきだと思います。

みんなが無料で参加するとお祭りの運営が赤字になり、存続が難《むずか》しくなります。

2021年には静岡熱海花火フェスティバルに携《たずさ》わりました。

地元の魚の干物《ひもの》やお酒が楽しめる1人1万円の席と、8人までの団体が入れる10万円の特別席をつくりました。計200枚《まい》のチケットは即売り切れました。

東京高円寺《こうえんじ》阿波《あわ》おどりでも昨年、プロジェク

ここが気になる!

プロジェクションマッピングとは

プロジェクションマッピングは、プロジェクターなどを使って、立体物にCGなどの映像《えいぞう》を映す技術のこと。リアル（実物の立体物）とバーチャル（映像）をシンクロさせて、光や音響《おんきょう》を使って、多彩な芸術作品を創《つく》り出せるのが魅力《みりょく》だ。また、立体物に手を加えることがないため、特に歴史的建造物などに利用され、迫力《はくりょく》のあるファンタジックな空間を演出する。

ションマッピングを取り入れ、踊《おど》りを演出する支援《しえん》をしました。新たな有料コンテンツを生み出すことで、収益《しゅうえき》を底上げできました。**無料で見に来られるお祭りであっても、有料の席もつくって収益化するなどのアイデアも取り入れてみてはいかがでしょうか。**

Q なぜこれまで、収益化ができないお祭りが多かったのでしょうか？

A

そもそもお祭りの目的が、お金もうけではないからだと思います。街の人に喜んでもらったり、無事に儀式《ぎしき》を終えたりするのが最優先《さいゆうせん》でした。ただ少子高齢化や人口減が進んでお祭りの運営に必要な資金や人材を集めるのが難しくなってきています。

運営にあてる貯金がどんどん減っている地域《ちいき》も多いと聞きます。今まで通りでもよいのですが、いろいろな方法を試してみるのも、存続につながるひとつの方法かもしれません。

Q 会社の現状を教えてください。

A

従業員《じゅうぎょういん》は約20名です。おもな事業は3つあります。

ひとつは、官公庁《かんこうちょう》や自治体と一緒《いっしょ》にお祭りを通じた地域《ちいき》課題の解決を目指す「公共事業」。

さらに、お祭りで企業のプロモーションを行い、リアルな場での、商品PRと地域振興《しんこう》につなげる「法人事業」。

そして、お祭り主催者《しゅさいしゃ》に向けた情報を紹介《しょうかい》する「メディア」。その他にも、お祭りに関するさまざまなサポートを行っています。

今後はもっと多くのお祭りのお困《こま》りごとが解決できるように、活動していきます。

祭
あめ
やきそば

Column もっとくわしく知りたい！

リアルな現場の最前線

日本の代表的なお祭りを知ろう！

日本のお祭りは「祀《まつ》る」という言葉が語源《ごげん》になっている。そのため、神様に感謝することが、お祭りの本来の目的だった。
「日本三大祭り」と言えば、京都の祇園祭《ぎおんまつり》、大阪の天神祭《てんじんまつり》、東京の神田祭《かんだまつり》だ。いずれも歴史が古く、大規模《だいきぼ》。祇園祭は千年以上の歴史がある八坂《やさか》神社の儀式で、ユネスコ無形文化遺産《むけいぶんかいさん》にも登録されている。菅原道真《すがわらのみちざね》の御霊《みたま》を鎮めるための儀式が天神祭だ。川面《かわも》に映るかがり火や提灯《ちょうちん》が華《はな》やかなことから、火と水の祭典とも呼《よ》ばれている。そして、神田祭は二年に一度、東京の神田明神で行われる30万人以上が訪れる祭りで、神輿《みこし》や山車《だし》の行列が圧巻《あっかん》だ。

自分にしか
できないことを
見つける
7

A級グルメで田舎を元気にしたい

地方創《そう》生《せい》プロデューサー
寺《てら》本《もと》英《えい》仁《じ》

地元の店が地元で愛されるために

2022年3月31日、島根県の邑南町役場を退職《たいしょく》し、公務員の肩書《かたがき》を外した。

邑南町は「おおなんちょう」と読む。難読《なんどく》町村名にもしばしばあげられるこの町は、広島県と接し、中国山地の中にある。人口約1万人、農業が主体のふるさとを、この10年あまり「A級グルメ」で変えてきた。

A級グルメは、この町で生産される農畜産物《のうちくさんぶつ》を素材にして、ここでしか味わえない食を体験してもらう試み。地産地消の高級イタリアンレストランを町主導で開き、人気を博した。

「耕すシェフ」と名付けた人材育成制度も作り上げた。総務省の地域《ちいき》おこし協力隊制度を活用し、料理人を目指す若者を最長3年間受け入れる。研修費《けんしゅうひ》を支給しつつ、料理のほか農産物の栽培《さいばい》、サービス、食品加工などを学び、修了後《しゅうりょうご》は町内で起業を目指してもらう。町も起業をサポートする。

これまでに受け入れた45人の中から7店が誕生《たんじょう》、他にUターンや町の人の開業も続き、今では町内の飲食店数は50ほどに。「10年前は24、25

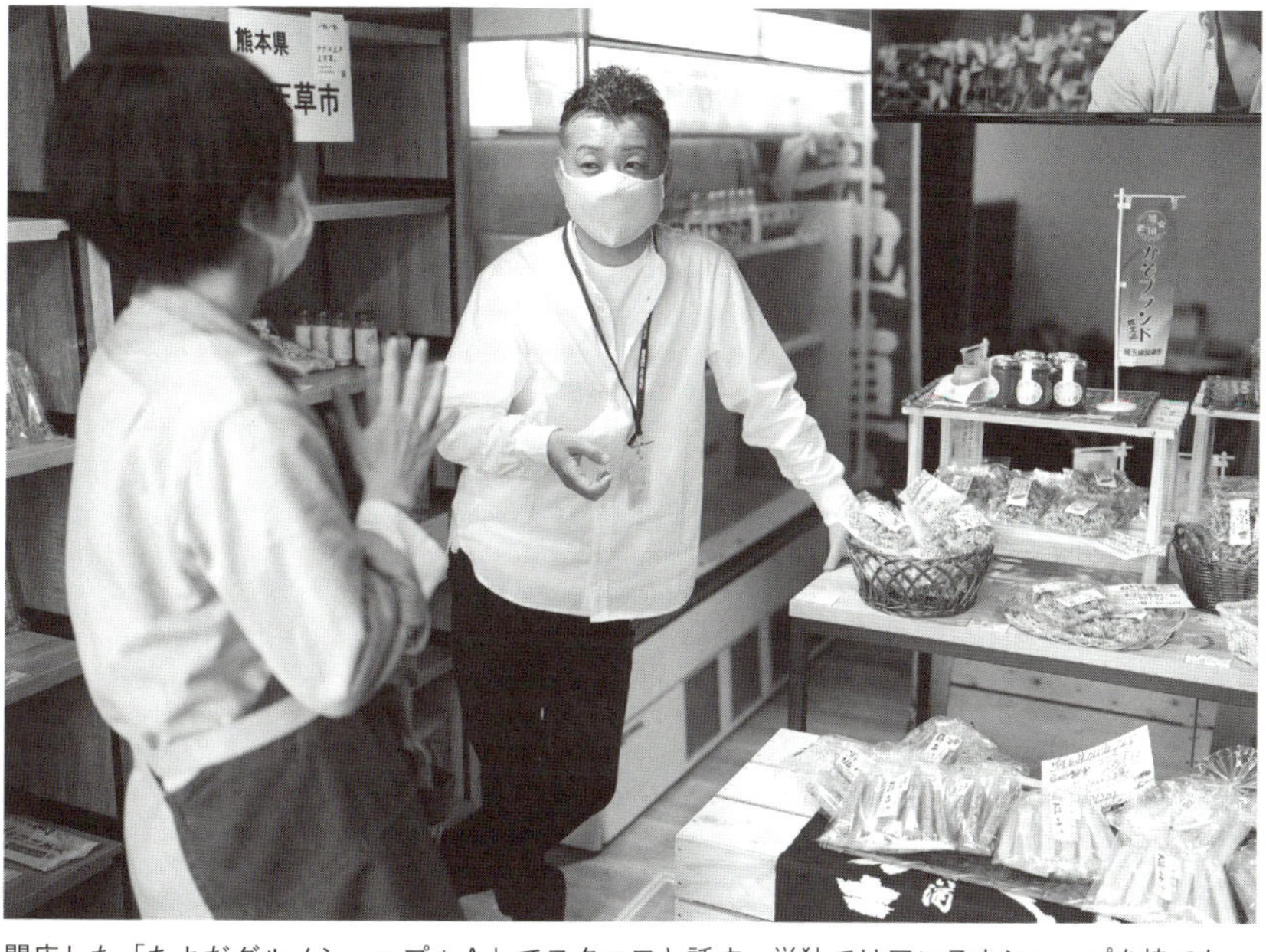

開店した「ちよだグルメショップ＋A」でスタッフと話す。単独ではアンテナショップを持てない自治体の発信の場にしたいという＝東京都千代田区、加藤諒撮影

店舗《てんぽ》だったんです。急速に増えました。**地元の店で農産物を使ってもらえると、食べた人の声が聞こえて農家が元気になる。町のプライドが生まれます**」。

■小さなまちの伴走者《ばんそうしゃ》になろう

A級グルメの裏《うら》には、以前の苦い経験がある。東京へ売り込《こ》もうと、町の名産、石見和牛の肉を持参して、ホテルのバイヤーに面会した。バイヤーは気に入り、「フェアを2週間しましょう。とりあえずサーロインとヒレを200頭分用意していただけますか」と注文した。

しかし石見和牛は年間出荷が200頭しかなく、フェアは幻《まぼろし》に。「1万人の町で都会の胃袋《いぶくろ》は満たせないと痛感《つうかん》しました。だったら、こちらへ来て食べてもらおう。逆転の発想でした」。

取り組みは話題になり、テレビ番組で「スーパー公務員」と紹介《しょうかい》されたりした。各地の自治体から講演やアドバイスを求められることが増えた。

「やってみたいが方法がわからないというところが多かった。ちょっと工夫したらできるのに、と感じました」。次第に「邑南《おおなん》にとどまらず、A級グルメを広めたい」と考えるようになった。

プロフィール

1971年 島根県生まれ。2人兄弟の長男。祖母から「大きくなったら公務員になって」と言われて育つ。写真は旅行先の京都で。

小学2年生の時の寺本英仁さん

1990年 広島県新庄《しんじょう》高校（現・広島新庄高校）を卒業し、東京農業大学へ入学。スキューバダイビングに熱中する。

1994年 大学卒業。島根県石見町《いわみちょう》（現・邑南町）役場に就職《しゅうしょく》。

2004年 石見町が瑞穂町《みずほまち》、羽須美村《はすみむら》と合併し邑南町が誕生《たんじょう》。瑞穂支所の観光係に。翌年《よくねん》、町の産品を売るネットショップを開く。

★「株式会社ローカルガバナンス」を2022年設立、代表取締役に。ほかに「プラットフォームサービス株式会社」取締役《とりしまりやく》・ちよだ地方連携《れんけい》ネットワーク地方連携特命官を務める。総務省の地域力創造《ちいきりょくそうぞう》アドバイザー。

★父、母、伯母《おば》、妻、長男、次男、長女の8人家族。

★「地方公務員が本当にすごい！と思う地方公務員アワード2020」を受賞。

地方に住み、行政の強みも弱みも知る自分だからこそ、都会のコンサルタントとは違《ちが》うことができる。独立し、小さなまちやむらの伴走者《ばんそうしゃ》になろう。「50歳《さい》にして、己《おのれ》の天命を知った気持ちです」。

まずは2022年4月、「A級グルメ」を合言葉にして各地の自治体が参加するアンテナショップが東京都千代田区にオープンした。「日本の田舎を元気にする」の思いを胸《むね》に抱《いだ》き、人生のセカンドステージを全力で走り出す。

邑南町《おおなんちょう》は広島市まで車で1時間半ほど、中国山地の山あいにある。盆地《ぼんち》に広がる町が見渡せる高台で笑顔を見せる＝島根県邑南町

寺《てら》本《もと》英《えい》仁《じ》さんに聞いてみよう

Q コロナ禍《か》も3年目、邑南町のA級グルメに影響《えいきょう》は？

A 今のところ、町内でコロナのために廃業《はいぎょう》した飲食店はありません。国の給付金などもありますが、県外から人が来なくても地元の人が食べにいったり、テイクアウトしたりして支えています。

耕すシェフが研修もしているレストラン「香夢里《かむり》」は夜の営業をやめてランチ営業に絞《しぼ》りました。テイクアウト商品のほか、ニーズが多かったひとり暮《ぐ》らしの高齢者《こうれいしゃ》への配食サービスを始めました。ほぼ、以前の売り上げを保っています。

Q なぜ、人気なのですか？

A

A級グルメ構想は外の人が町へ食べに来るのが目標ですが、**前提として地元のレストランが地元の人に愛されていることが大事。安さを競うと消耗戦《しょうもうせん》になり厳《きび》しいです。**

人口は少ないですし。身近な良い食材を使い、密《みっ》にならないように料理を提供《ていきょう》する。**顔が見えるからこそ、店を応援《おうえん》したくなる。**

そうやって地域《ちいき》でお金が循環《じゅんかん》するようになり、食を目指して外から人が来てさらに経済《けいざい》が回る。**食と農を**

基に地域で循環する経済を築《きず》いているのです。

Q 成果が具体的な数値に出ていますか？

A 市町村民税個人分は1人あたりの所得が増えるほど税収《ぜいしゅう》が増えるので、地域活性化の指標になるのですが、邑南町《おおなんちょう》は2020年度が1人あたり3万4千円と、2009年度より7千円増えています。

また「Go《ゴー》 To《トゥー》 Eat《イート》キャンペーンしまね」事業では、町内で食事券が約3360万円分使われました。同じ郡の町と、ひと桁違《けたちが》います。

Q

最初からA級グルメの完成形が頭にあったのですか？

A

いえ、はじめは東京で売り「外貨」を得ようとしました。石見《いわみ》和牛《わぎゅう》もですし、ブルーベリージャムを販売《はんばい》したことも。お金をかけてデザインしたラベルを貼《は》り、デパートの棚《たな》に並《なら》べてもらいましたが、短期間で取り扱《あつか》い終了《しゅうりょう》でした。

生産した農産品の加工販売まで担《にな》う「6次産業化」を試みても、商品パッケージや広告などに都市部の事業者の協力が必要で、そうした費用が売り上げを上回ってしまうことも少なくありません。結局、お金も商品も、都会に流出してしまうこともあります。

Q

外貨獲得《かくとく》の発想は無理があると気付いた後の秘策《ひさく》は？

A

町には石見和牛のほか、石見ポークや放牧酪農《らくのう》の牛乳《ぎゅうにゅう》、高原野菜、日本酒など量は少なくても良質な食材があります。

でも地元の食材を使う店がないからレストランを作ろう、料理人を育てよう。起業する人が現れないから研修制度を進化させ、金融《きんゆう》機関と協力して起業塾《じゅく》を始めよう、と進んできました。**壁《かべ》にぶつかっては改善《かいぜん》する、その連続です。**

Q

原動力は？

A

やってみて失敗したらすぐ軌道《きどう》修正する。トライ・アンド・エラーを繰《く》り返していくと、人より早く進んでいけるのです。ストレートに物事を口に出し、あえて自分の逃《に》げ場をなくして仕事をするタイプですね。

Q

就職直後《しゅうしょくちょくご》はさほど仕事熱心ではなかったとか。

A

大学時代に水中カメラマンを志したこともあったのですが、結局地元に戻《もど》ることにして、合併《がっぺい》前の旧石見町《きゅういわみちょう》役場に入りました。休日は車を走らせて海へ。当時は「仕事より海」でした。

Q いつ変化が？

A

2004年、町村合併で邑南町《おおなんちょう》が誕生した頃です。その半年前に合併事務局に異動《いどう》しました。

30年後には新町の人口は急速に減少し、消滅《しょうめつ》する集落すらあるかもしれない、と予測されていました。ちょうど長男が生まれたばかりで、**この子が大人になる頃、町はどうなっているだろう、自分に何ができるかと考え始めました。**

Q 商工観光課の課長を務め、順調な公務員生活に見えました。退職《たいしょく》に家族は反対しなかったのですか？

A

反対しませんでした。妻は同じ町職員なのですが、議会などで僕《ぼく》が組織を代表してバランスをとり発言する姿《すがた》が僕らしくなくて、続けていて大丈夫《だいじょうぶ》だろうかと感じていたようです。

Q

「地方創生《そうせい》プロデューサー」を名乗って、何をしますか？

A

自分の経験から自治体にアドバイスして、一歩トライをするモチベーションを引き出すのが仕事です。**僕は傷《きず》つき他の人も傷つけ10年かけてA級グルメにたどりついたけれど、今なら遠回りせず進む道がわかる。3年でA級グルメをその自治体に根付かせられると思います。**

データを基に課題をあぶり出し、地元の皆《みな》さんと考え、議論《ぎろん》し共有する。そしてチャレンジに伴走《ばんそう》する。小さい町には小さい町なりのやり方があります。

Q **各地を回ることになりそうですね。**

A 邑南《おおなん》にはほとんどいられないかもしれません。沖縄にも定期的に行きたいですし。

Q **なぜ沖縄なのですか？**

A 断念した水中カメラマンの夢をもう一度追いかけたいんです。撮影《さつえい》した写真はネット販売《はんばい》しようかと。地方創生と水中撮影で70歳《さい》まで現役でやっていきたいですね。

新聞掲載：2022年4月9日

Column もっとくわしく知りたい！

リアルな現場の最前線

地方創生《そうせい》イベントの成功例を知りたい

福井県鯖江《さばえ》市では、2000年代から「眼鏡《めがね》」のブランディング・PRに力を入れている。鯖江市はメガネフレームの国内生産シェア96%を誇《ほこ》るため「めがねミュージアム」を開設、さらに「めがねフェス」を開催《かいさい》するなど地域創生に積極的だ。

長野県阿智村《あちむら》もブランディング・PRに成功した一例だろう。「日本一星空が綺麗《きれい》な村」として有名で、「天空の楽園 ナイトツアー」には数多くの観光客が訪れている。

このほかにも成功例は少なくないが、いずれも日本の地方に素晴らしい資源《しげん》が豊富にあるからこそできるのだ。

自分にしか
できないことを
見つける
8

介護《かいご》と演劇《えんげき》は、相性がいい！

俳優《はいゆう》・介護福祉士《かいごふくしし》
菅原直樹《すがわらなおき》

認知症《にんちしょう》の祖母と「向き合えなかった」記憶《きおく》

高校時代、人前で話すのが苦手だった。映画《えいが》に興味があったが、演劇部《えんげきぶ》しかなかった。

入部してすぐの1年生の夏、思いがけず舞台に立つことになる。引きこもりの少年役で、セリフは一言「ただいま」だけ。普段通《ふだんどお》りボソボソ言うと、お客さんに褒められた。「俳優《はいゆう》をやるのは、話がうまく、人前で動じない人だと考えていました。僕のような人も出ていいんだと思えた」。

誰《だれ》もが、その人のままでいることで、生き生きと輝《かがや》ける世界を作りたい──。演劇と介護《かいご》、二つの領域《りょういき》にわたる活動を貫《つらぬ》く思いだ。

東京の大学で演劇を学んだ後、アルバイトをしつつ俳優として活動した。20代後半で結婚し、子どもが生まれたのを機に、演劇以外のスキルも身につけたいと思った。

ハローワークの職業訓練でホームヘルパー2級を取得した。介護の仕事を選んだのは、高校時代に同居していた認知症の祖母と「向き合えなかった」記憶があるからだ。

東日本大震災《だいしんさい》後の2012年、妻の希望もあり岡山県和気《わけ》町に移住した。働き始めた特別養護《ようご》老人ホー

「エキストラの宴《うたげ》」のフィナーレのリハーサルに、写真撮影のため、作·演出の菅原さん（中央）も参加してもらった。左が岡田忠雄さん（出演者や菅原さんは公演前に抗原《こうげん》検査で陰性《いんせい》を確認しています）＝岡山県奈義町

ムに、いつも自分を「時計屋さん」と呼《よ》ぶ認知症《にんちしょう》の女性がいた。その度に訂正《ていせい》していたが、ある日、話を合わせてみた。表情が豊かになり、自分のことを話し出した。「介護《かいご》と演劇《えんげき》は、すごく相性がいい」。実感を、やがて形にする。

■ついに劇団を旗揚《はたあ》げ

施設《しせつ》で働きながら、「老いと演劇」がテーマの劇団「OiBokkeShi《オイ・ボッケ・シ》」を旗揚げ。演劇の手法を使い、認知症の人とのコミュニケーションを考えるワークショップを始めた。

そこで、現在の看板俳優《かんばんはいゆう》、岡田忠雄《おかだただお》さんに出会う。今は、岡田さんと作品を生み出す一方、各地でワークショップや、高齢者《こうれいしゃ》との創作《そうさく》を続ける。

ここが気になる!

メイクには「認知機能」の改善《かいぜん》作用がある

各地で高齢者との舞台創作《ぶたいそうさく》を続ける菅原《すがわら》さんだが、舞台と切っても切れないものといえばメイクだろう。じつはメイクには認知機能の改善作用があり、近年、高齢者施設《しせつ》などで「化粧《けしょう》セラピー」として取り入れるところが増えているのだ。メイクをした女性高齢者が「生き生きと元気になった」「いつも笑顔になった」との成功事例が多く挙げられている。

2022年7月半ばの日曜日、岡山県奈義《なぎ》町の町文化センター大ホールで、約1年半かけて地元の人と作った舞台《ぶたい》「エキストラの宴《うたげ》」を上演した。民宿を舞台に映画《えいが》の撮影《さつえい》に来た監督《かんとく》と、出演する町の住民たちとの人間模様《もよう》を描《えが》く。

プロフィール

1983年 宇都宮《うつのみや》市に生まれる。映画に興味を持ったのは中学生の頃《ころ》。クエンティン・タランティーノなど、作家性のある監督が好きだった。

中学生の頃の菅原直樹さん

★高校で入部した演劇部は、関東大会の常連校。在学中に全国大会に出場した。テレビ放送される松尾《まつお》スズキや平田《ひらた》オリザなどの作品を見ていた。

★顧問《こもん》の勧《すす》めもあり、当時平田が教えていた桜美林大学に進学。演劇ワークショップのまとめ役（ファシリテーター）を養成する講座《こうざ》を、授業でとったことが今につながっている。

★卒業後、しばらくして俳優の道へ。2010年に平田が率いる「青年団」に入団。119ページの写真は、この年に出演した、神里雄大作・演出の「古いクーラー」での一コマ。

★岡山県和気町《わけちょう》への移住から2年ほどして、介護福祉士《かいごふくしし》の資格を取得した。

奈義町《なぎちょう》には2016年に引っ越《こ》した。出演者14人は地域《ちいき》の活動で知り合った人ばかりだ。高齢者《こうれいしゃ》や元保健師、認知症《にんちしょう》の人、障害《しょうがい》のある人、ダンスが好きな若者。それぞれの力や個性が生きるよう、時間をかけて脚本を練った。

本番中、認知症の女性が舞台《ぶたい》上で落ち着かない様子になった。共演する夫が手を取って安心させ、演技を続けた。ラストで音楽に合わせ笑顔で踊《おど》る出演者たちに、大きな拍手《はくしゅ》が贈《おく》られた。

広島市立のホールが主催したワークショップで。参加者は「介護者」と「認知症の人」を交互に演じ、認知症の人の言動を受けいれることを体験する＝広島市中区

終演後、込《こ》み上げる思いを抑《おさ》え、舞台から呼《よ》びかけた。
「やりたいという気持ちがあったら、ぜひ、こちらの世界に入っていただけたらと思います」。

菅《すが》原《わら》直《なお》樹《き》さんに聞いてみよう

Q

ワークショップでは、認知症を受け入れるコミュニケーションを体験しますね。

A

認知症の人は、同じ話を何度もしたり、人を間違ってしまったりします。介護者にそれを否定されると、傷《きず》つくし、感情的になる。**いちいち正すのではなく、受けいれて、現実世界との折り合いをつけていくのが、重要だ**と思います。

Q

なぜ「OiBokkeShi《オイ・ボッケ・シ》」を設立《せつりつ》したのですか？

A

介護《かいご》の現場にも問題点はあります。効率優先《ゆうせん》になると、高齢者《こうれいしゃ》は「受け身」になりますし、関係性が乏《とぼ》しければ拒否《きょひ》も発生します。

解決したくても、施設《しせつ》ではやりづらい。移住者交流会で出会ったデザイナーの方の勧《すす》めで、助成金に応募《おうぼ》したら採択《さいたく》されました。それに背中《せなか》を押《お》してもらった感じです。自宅《じたく》の網戸《あみど》を直してくれた建具屋《たてぐや》さんが、人を集めてくれました。

Q

ワークショップで出会った、おかじい、こと岡田忠雄《おかだただお》さんについて教えてください。

A

すごく個人的な話になるのですが、ワークショップの計画をしていた頃《ころ》、関東に住む8歳《さい》年上の兄が亡《な》くなりました。自死です。その1、2年ぐらい前から様子がおかしくて。

元気づけたい気持ちはあったのですが、うまくいきませんでした。「こうしたらいいいんじゃない？」と、僕《ぼく》の価値観《かちかん》を押《お》しつける語りばかり、していたんですよね。

岡田さんとは、「この人と向き合いたい」という運命的な感じがありました。演技が好きで、今村昌平《いまむらしょうへい》監督《かんとく》の「カンゾー先生」などにもエキストラ出演しています。出会った当時88歳。自宅で認知症《にんちしょう》の妻の介護《かいご》をしていました。

一緒にやりたいと電話した

「古いクーラー」に出演した菅原直樹《すがわらなおき》さん
（富貴塚悠太氏撮影、岡崎藝術座提供）

ら「これはオーディションに受かったということですか!」。「はい」と答えました。

Q

2015年の第1回公演「よみちにひはくれない」は、認知症《にんちしょう》の妻がいなくなったという高齢《こうれい》男性を手伝い、青年が実際に和気《わけ》町の商店街を捜《さが》す作品でしたね。

A

おかじいが、妻が明け方に一人歩きして困《こま》るという話をしてくれて、そこから作った作品です。

このときの岡田《おかだ》さんは最初と最後だけ出演する形でした。でも、岡田さんは「もっと出番を増やしてくれ」と。2019年の再演では1時間半出ずっぱり、しゃべりっぱなしでした。

いま、**岡田さんは要介護《ようかいご》ですが、認知機能は高まっているんです。舞台《ぶたい》**

の上では、できることが増えていっていると感じています。

Q

昨年、「よみちに……」の英国版「Theatre《シアター》 of《オブ》 wandering《ワンダリング》」を、英国で上演しましたね。

A

共同演出のデービッドさんは徹底《てってい》して地域《ちいき》に寄り添《そ》う人。街の人と何度もワークショップを開き、認知症の人の気持ちを想像し、演じる。丁寧《ていねい》に信頼《しんらい》関係を築き、関心を持った人に出演してもらいました。

だから上演が終わったとき、「これはフィクションでした」とは、ならない。そこで生まれたものが、ずっと地域づくりの中で続いていく気がして……。すごくいいなと思ったんですね。

Q

思いは「エキストラの宴《うたげ》」につながりました。

A

「よみちに……」は、和気町《わけ》の地域《ちいき》の人たちと作ったのですが、それ以降《いこう》は、仲間もでき、彼《かれ》らと作ることも増えていきました。地域の方に出ていただくということを、そこまで大切にしてきませんでした。

奈義町のワークショップは定期的に続けていましたから「ここに集まる人と本気でやってみよう」と。

演劇《えんげき》をやったことがない多様な人が集まることで、よく言われる「共生社会」のあり方を、稽古場《けいこば》で示せるのではないか。それを舞台で発表することで、関係性が地域に浸透《しんとう》していけば良いなと思います。

Q 出演者たちから、どんな反応がありましたか？

A

脳血管障害《のうけっかんしょうがい》の後遺症《こういしょう》のある男性は最初、言葉があまり出てきませんでした。でも、一緒《いっしょ》に出演した連れ合いの方は、稽古《けいこ》に参加するうち、共演者と気持ちが通じ合っている瞬間《しゅんかん》があると、驚《おどろ》いていました。

社会の中で生きづらさを抱《かか》えている人に合わせた世界を、演劇を通じて舞台《ぶたい》の上に作りあげる。そうすれば、その人の「真実」が見えてくるかもしれない。僕は「エキストラの宴」で、現実にそういう瞬間が起きていると感じました。

Q

岡田《おかだ》さんとの新作の計画はありますか。

A

岡田さんからは「生前葬《せいぜんそう》をやりたい」というアイデアをいただきました。体の不調など、先のことを考えると一番不安なのは岡田さんのはずです。でも、それを吹き飛ばし、どんどん演劇《えんげき》だけに研《と》ぎ澄《す》まされていく。

僕《ぼく》は今まで「生」に執着《しゅうちゃく》して作品を作ってきました。ただ、事前に死と向き合っておくことは大切だと感じます。岡田さんの「老い・ボケ・死」に寄り添《そ》うことで、新しい演劇を作っていけたらと思います。

自分にしか
できないことを
見つける
9

日本を代表する
かばんブランドに

土屋《つちや》鞄《かばん》製造所社長

土《つち》屋《や》成《まさ》範《のり》

ランドセルの流行を引っ張る

世は少子化だというのに、この会社がつくるランドセルはどうだろう。**２０１０年に２万７千個だった販売数《はんばいすう》はこの10年間でざっと3倍超《ちょう》に増えた**。６年間の無料修理保証をつけたり、卒業後のランドセルをリメイクしてミニチュア化したりするサービスは、人気の一端《いったん》でしかない。

ランドセルは、１５０を数えるパーツを３００超の工程を経て組み上げ、ようやく完成する。作業の一つひとつに、自社の職人が丁寧《ていねい》に向き合い、１個を仕上げるのに50人が携《たずさ》わる。開発したランドセルがまねされ、似たデザイン

軽井沢《かるいざわ》の森に開いた工房《こうぼう》はショップ併設《へいせつ》で、職人たちが作業をする様子が外からよく見える。「こちらからは子どもたちのうれしそうな笑顔が見られます」＝長野県軽井沢町

のランドセルが他社から1年後の春に発売されることもある。

■親孝行《おやこうこう》を

ランドセルのトレンドを引っ張るブランドが30年ほど前、東京の下町で命脈《めいみゃく》が尽《つ》きそうになっていたのを知る人は少ない。

「広い世界が見たい」と高校を卒業してすぐ渡米《とべい》した。

語学学校に通ったのもつかの間、20代前半は職を転々とし、海外で武者修行のような日々を送っていた。「すぐ帰ってきて、お父さんを手伝って」。カナダにいた1994年、24歳《さい》のとき、母から泣きの電話が入った。ベビーブームはとうに去り、父・國男《くにお》さんが起こしたランドセル工房《こうぼう》は立ちゆかなくなっていた。社員3人。帰国して間もなく、父の職人仲間から向けられた言葉が胸《むね》を突く。

「お前のおやじ、本当にバカだな。未来のない仕事を継《つ》がせるなんて」

取引先を開拓《かいたく》しようと全国の店を営業してまわるが、取り合ってもらえない。ただ一軒《いっけん》、前橋《まえばし》市のかばん店が、父のランドセルを高く評価してくれた。

プロフィール

1969年 東京都足立区でランドセル職人の家の長男として生まれる。

小学生時代の土屋成範さん。父の国男さんと＝東京都足立区

★高校時代、空手の国際大会出場で南米に行き、海外に興味を持つ。都立高を卒業して渡米《とべい》。メキシコでシルバーアクセサリーを買い付けたり、カナダでレストラン運営の会社で働いたりした。

1994年 家業の土屋鞄製作所《つちやかばんせいさくしょ》（現・土屋鞄製造所）に入る。

2000年 インターネット販売《はんばい》に本格参入。少子化による市場縮小《しゅくしょう》も見据《みす》え、大人向けのかばんの開発・製造も開始。

2006年 父との共同代表で社長に。当時珍しいランドセル専門店《せんもんてん》を東京・門前仲町《もんぜんなかちょう》に開く。

2013年 香港《ホンコン》に店を開き、海外初進出を果たす。

2015年 軽井沢《かるいざわ》に店舗併設《てんぽへいせつ》型の工房《こうぼう》を開業。大人向けランドセルを発売して話題に。

★ランドセルの価格帯は6万〜10万円台。職人は約200人。国内27店舗、海外4店舗を展開《てんかい》する。

「お父さん、**すごくいい仕事していますね」。その言葉が支えになった。**

すぐに手紙作戦に出た。役所に足を運び、今はできない住民票閲覧《えつらん》で、小学1年になる子がいる家へ手紙を送ることにした。

製作工程や質の高さ、父の腕《うで》の確かさを便箋《びんせん》2枚《まい》にしたためた。送り先200軒《けん》のあて名はすべて手書きした。すると20人が買ってくれた。翌年《よくねん》は2千人に増やし、200人が買う。最終的に5万人のあて名を手書きし、廃業《はいぎょう》の窮地《きゅうち》を脱《だっ》した。

「彼が一生懸命やってくれたおかげで、こうしてランドセルがつくれる。本当にうれしい」と創業者で父の國男《くにお》さん（写真左）は言う。今も本店の工房で若手の指導にあたっている＝東京都足立区

「あのときはそれしかできることがなかった」と笑う。

光沢《こうたく》のあるピカピカのランドセルが市場を席巻《せっけん》していたその頃、つや消しの革《かわ》を使ったランドセルを看板《かんばん》商品に打ち出した。

シックな仕立てが新たな顧客層《こきゃくそう》を開き、いつしか市場全体の定番になった。

会社は急成長、順風満帆《じゅんぷうまんぱん》のサクセスストーリーと思いきや、本人は「自信もないし、自己肯定感《じここうていかん》も低いので」と控《ひか》えめだ。だからか、発せられる言葉はどこか繊細《せんさい》でやさしい。

1人の力ではない。700人の従業員《じゅうぎょういん》がみなで大切に、大事に、ものづくりに取り組んでいる。

土屋《つちや》成範《まさのり》さんに 聞いてみよう

Q

来春入学のランドセル商戦がもう始まっていますね。

A

「ラン活」という言葉があるくらいで、毎年のように購入《こうにゅう》時期が早くなっていています。個人的にはもう少しゆっくりでもいいのではという気もしています。女の子は赤、男の子は黒が定番でしたが、ジェンダーレス化が進んだ今年は52種、約40色をそろえました。

個性に合わせて選んでほしいという思いで、私たちは25年ほど前から性別を分けずに案内しています。時代に合わせた変化は大事ですが、長く大切に使ってもらえる高品質で美しい物を、職人が一つひとつ丁寧《ていねい》につくるという根本は変えません。

Q ランドセル職人のお父さんを見て育って、その道を進みたいと思いませんでしたか？

A 父は現代の名工にも選ばれた職人ですが、私は手を動かすのが苦手。ただ幼《おさな》い頃《ころ》から商売には興味がありました。マツボックリを路上に並《なら》べて、10円で売り出したことも。売れませんでしたけれど。

Q 友達とわいわい遊ぶタイプではなかった？

A 周囲とうまく関係を築けず、小学6年で「自分は大勢の人と一緒《いっしょ》に働くのは難しい」と悟《さと》ったのはよく覚えています。その後、たくさんのアルバイトをして、人との間に商品を介《かい》すればコミュニケーションが楽しくできると気がつきました。表に出るほどの人間じゃないと思うので、こうして取材を受けるのもなるべく避《さ》けてきましたが、それではいけないと、いまがんばっています。

Q お母さんから「日本に戻って」と電話があったときはどう思いましたか？

A 電話口の声が切実《せつじつ》だったので、そろそろ親孝行《おやこうこう》しなくてはと思いました。

Q 手紙作戦で200通、2千通とあて名を手書きしたのはなぜですか？

A

こちらから勝手に送るものを普通《ふつう》なら読んでもらえない。手書きならば気持ちが伝わるだろうと思い、一通一通、書きました。さすがに5万通の手紙を送ったときは大変でした。

Q

普通はしませんね。

A

自分ができることはそれしかなかったのです。**ランドセルはただのスクールバッグではなく、家族の期待や感謝がつまった大切な商品だと思っています。父は、だから手抜《てぬ》きせず、丁寧《ていねい》にランドセルをつくった。**その思いをうまく伝えたいと考えました。入社3年目で売り上げは2・5倍の1500万円になり、4年目で5千万円になりました。

そこで600万円を投じて5万人にダイレクトメールを送ろうとした

ら、母に「もういいじゃない。失敗したらどうするの」と泣かれました。「俺《おれ》を信じろ」と説得し、区画整理で入ったお金をつぎ込《こ》んで、1500個を買ってもらうことができました。これで卸《おろし》売りから脱《だっ》して、直販《ちょくはん》できるようになりました。社員は10人になり、まだ創成期《そうせいき》だったネット販売《はんばい》にも挑戦していきます。

Q ピカピカのランドセルではなく、つや消しの革《かわ》を使ったものをメインにしたのはなぜですか？

A

かつてランドセルは、子どもの興味をひいて買ってもらうものでした。アクセサリーがたくさんついていたり、キャラクターでひきつけたり。

でも、**うちのランドセルは素材を吟味《ぎんみ》し、職人がつくる。親が子どもに贈《おく》りたくなる、大切に丁寧《ていねい》に長く使ってもらえるものにしたかった**のです。

Q 順風満帆《じゅんぷうまんぱん》の歩みのように思いますが、いかがですか？

A

いえ。ランドセルが売れ、生活の不安もなくなり、親孝行《おやこうこう》もできた。でも私は迷っていました。他の会社に就職《しゅうしょく》しようと考えていたのです。学歴もなく、まともに会社勤《づと》めをしたこともない。そんな劣等感《れっとうかん》からでした。

中ぶらりんな気持ちでいたとき、父の職人仲間が「仕事を失った」とたずねてきました。

なぜ、腕《うで》のいい職人に仕事がないのか。なぜイタリアやフランス製というだけでかばんが売れるのか。**メイド・イン・ジャパンのものづくりを絶やさないためにも、いい職人さんがしっかり働ける環境《かんきょう》をつくらないといけないのではないか。**30歳《さい》を前に、気持ちが固まりました。

Q 多くの人を束《たば》ねる社長業、楽しいですか？

A 自分はできないことばかり。周りにも「だから頼《たの》む」と伝えています。そうすると、たくさん意見が出てくる。どうすれば商品を買ってもらえるか、気心の知れた仲間たちと考えるのは楽しい時間です。**大変なことが9割《わり》だけれど、いい結果が出て多くの人に喜んでいただけるものを生み出せることは幸せ**です。

Q 将来《しょうらい》の目標は？

A 日本を代表するかばんブランドになって、世界中の人に喜んでもらえるものをつくるのが目標です。プロダクトを通じて日本に興味を持ち、親近感を持ってほしい。

そうやって、どんどん**世界中の人が仲良くなっていくような製品をつくっていけたら**いいなと願っています。

新聞掲載：2023年3月25日

Column もっとくわしく知りたい！

リアルな現場の最前線

物を作る仕事がしたい！
現代版、職人になるには？

物を作る職人には「伝統工芸職人」「陶芸《とうげい》家」「寿司《すし》職人」といったさまざまな職種がある。何十年も師匠《ししょう》の下で学び、技を習得する、厳《きび》しい世界を想像する人も多いのでは？　じつは、時代の移り変わりとともに「職人」の世界にも変化が訪《おとず》れている。特に注目なのは「寿司職人」だ。近年、世界中で高まる「寿司ブーム」により職人が慢性的《まんせいてき》に不足していることから、寿司専門学校で効率よく短期間で職人の技を習得することが可能に。新たな職人への道として人気の進路になっている。また、他の職種でも、昔ながらの師弟関係を見直し、時代にあった教育体制が整えられつつある。

自分にしか
できないことを
見つける
10

田舎の暮《く》らしの豊かさを住んでいる人に実感してほしい

福岡県大《た》刀《ち》洗《あらい》町《まち》地《ち》域《いき》振《しん》興《こう》課《か》長《ちょう》
村《むら》田《た》まみ

ヒョウ柄《がら》で走るスーパー公務員

「田舎の暮《く》らしが豊かなことを、住んでいる人たちに実感してほしい。すごい町、面白い町に暮らしていると思ってほしいんです」。福岡県大《た》刀《ち》洗《あらい》町役場の地《ち》域《いき》振《しん》興《こう》課長として、そのために何ができるか知恵《ちえ》をしぼる。

■一職員として、汗《あせ》をかく覚悟《かくご》と努力を

筑後《ちくご》平野にある大刀洗は、人口約1万6千人の農業の町。特産の野菜を売り込《こ》もうと、福岡市中心部の天神で月1回、「大刀洗野菜マルシェ」を開き店頭に立つ。朝どれの野菜を段《だん》ボール箱10個分ほど、車で1時間かけて運ぶ。新タマネギ3個で150円、サニーレタスは1玉120円。毎月訪《おとず》れる常連客も

大好きな麦畑と耳納《みのう》山地、青空を背景に、町のおじちゃん、おばちゃんに囲まれる村田まみさん（中央）。現場用の長靴《ながぐつ》もヒョウ柄だ＝福岡県大刀洗町

多い。野菜の購入《こうにゅう》をきっかけに、「たちあらい応援《おうえん》大使」になった福岡市内の飲食店主もいる。「**ここでいくら売るかが問題ではない。次の展開《てんかい》につながる出会いが大切なんです**」。

2016年からコロナ禍《か》の間を除《のぞ》いて年に2、3回、野菜を抱《かか》えて香港《ホンコン》にも飛ぶ。現地の福岡県人会などを頼《たよ》りに、日本料理店に使ってもらったり、そのお客さんに配ったり。日本語学校に持ち込《こ》み、野菜をどうPRするかを授業の題材にしてもらったら、生徒が日本旅行の際に、町を訪《たず》ねてくれた。

積み重ねが実り、県内の高級食品スーパーで「大刀洗《たちあらい》産」をうたう野菜を見かけるまでに。「**そうしたことで町の農業の可能性に気付き、町民としてのプライドが高まればうれしい**」。

行政や地方自治に詳《くわ》しい人たちの間では、ちょっとした有名人だ。政策《せいさく》シンクタンク・構想《こうそう》日本の加藤秀樹《かとうひでき》代表は「スーパー公務員」と呼ぶ。**「脱線《だっせん》して見えるが、住民や町のためという軸《じく》がぶれないから、実は公務員の本道を行っている。彼女をはばたかせている町長や同僚《どうりょう》も立派《りっぱ》」。**

プロフィール

1972年 福岡市生まれ。10歳《さい》のとき、母の実家がある大刀洗町に。

1991年 隣《となり》の市にある福岡県立朝倉高校を卒業。「東京の大学に行って遊ぶ」という同級生らの考えが腑《ふ》に落ちず、進路を決められなかった。

1992年 大刀洗町役場職員に。「役場に入ったのは、半分は町への恩《おん》返し。残りの半分は、好きなホルンを演奏《えんそう》しながら働けると思ったから」。今も市民吹奏楽団《すいそうがくだん》で演奏し、イベントで歌うことも。

2004年 7月、舞台《ぶたい》照明会社勤務の良輔さんと結婚《けっこん》。

2009年 7月、総務課の総務秘書係に。町長の秘書と兼務《けんむ》で地域づくりを担当《たんとう》する。

2011年 7月、東日本大震災《だんしんさい》で被災《ひさい》した宮城県東松島市に応援《おうえん》派遣《はけん》。「市民が非常時に頼るのは役所だと実感し、仕事に対するモチベーションが変わった」。

2018年 4月、地域振興《しんこう》課長に。

公務員がどこまで自由に動けるかを試すように飛び回る。そのスタイルの象徴《しょうちょう》となったのが「ヒョウ柄《がら》」だ。

バブルの余韻《よいん》の中で青春を過ごし、プライベートではヒョウ柄の服をよく着ていた。2014年1月にあった全国の町村物産展《てん》で町をピーアールするとき、少しでも目立とうと法被《はっぴ》の下に着たのをきっかけに、トレードマークになった。

今では講演に呼《よ》ばれる際も、「ヒョウ柄で来てほしい」と注文される。

毎月1回の「大刀洗野菜マルシェ」で。村田さんに会うために常連客は訪《おとず》れる＝福岡市の三好不動産天神サロン

議会に携《たずさ》えていくバッグもヒョウ柄、災害などの現場に出るときにはく長靴《ながぐつ》もヒョウ柄。役場のロッカーにもヒョウ柄の服を備えている。

親交のある元佐賀県武雄《たけお》市長の樋渡啓祐《ひわたしけいすけ》さんは、**「公務員にも多様性が求められ、それが受け入れられる時代になったことを、『ヒョウ柄』は目に見える形で示した」と評価**する。

公務員の可能性を広げようと、挑戦《ちょうせん》する日々だ。

村田《むらた》まみさんに聞いてみよう

Q
町役場でヒョウ柄《がら》の服を着て目立つと、仕事がしづらくありませんか？

A
異文化《いぶんか》を持った存在《そんざい》として扱《あつか》われているのではないでしょうか。**一人ぐらい変わった人間がいても許される**みたいな。

ヒョウ柄がトレードマークになったことで、自分のことを覚えてもらいやすくなりました。町の中でも、私が知らない人同士が「これがヒョウ柄の村田さんよ」と話していたりします。

イベントで歌う村田まみさん

Q 1992年の就職《しゅうしょく》当初からバリバリ働いていましたか？

A 最初はゆるやかに仕事していました。当時は、午前10時と正午、午後3時に女性職員は男性職員にお茶をいれ、4時には喫煙《きつえん》する男性職員の灰皿《はいざら》を片付《かたづ》ける。そんな時代だったんです。

最初に配属された税務課で4年、次の住民課で10年仕事しました。そこで出会うのは、すごくもうかった人や税金を払《はら》えない人、結婚《けっこん》したり別れたり、家族が生まれたり亡《な》くなったり、とてもうれしいか、悲しい人たちです。いろんな町民の方と直接顔を合わせます。

どの地区にだれが住んでいるのかわかるようになり、この人たちに奉仕《ほうし》しようと思うようになりました。

Q

転機となったのは？

A

四つ目の職場の生涯《しょうがい》学習課で、２００８年の成人式を担当《たんとう》したことです。当時、北九州市がスペースワールドで開く式が話題でした。

しかし派手《はで》なイベントをやろうにも、大《た》刀《ち》洗《あらい》町が祝賀パーティーに使える予算は50万円。それでもどんな式をしたいか、実行委員の新成人十数人に意見を聞いたんです。返ってきた答えは「この町には何もない。だったら何をしても一緒《いっしょ》」と冷めたものでした。

くじけずに「どうしたい？」と重ねて尋《たず》ねると、一人が「小中学校時代の給食を食べたい」と言ったんです。「これだ」と思いました。当日は、町の中央公民館の調理実習室で調理員さんたちに、新成人が希望したメニューを作ってもらいました。

マグロのかりんとがらめ、大根とハムのサラダ、焼きプリンタルト、コッペパン。式の様子は新聞やテレビで紹介《しょうかい》され、新成人らにも好評でした。

それまで前例通りに仕事をしていましたが、**自分で仕掛《しか》ける楽しさを初めて知りました。**

Q

その頃、建設コンサルタント会社の経営者で、町議の経験がある前町長の安丸国勝《やすまるくにかつ》さんが就任《しゅうにん》しましたね。

A

安丸さんが町長になって役場は劇的《げきてき》に変わりました。とにかくスピードを求められる。町長室に呼《よ》ばれて指示を受け、自席に戻《もど》ったらもう町長が内線電話で「さっきの件はどうなった?」と聞くんですから。

人脈を広げる必要も感じ、一人でも多くの人に会いに行くようにしました。中央省庁《しょうちょう》の官僚《かんりょう》が講師を務める講演会に出席するときは、最前列に座って名刺《めいし》を交換《こうかん》します。するとたいてい「今度役所に来てください」と言われる。そしたら本当に霞《かすみ》が関《せき》を訪《たず》ねるんです。

こんなこともありました。安丸さんがある日ラジオで聞いた、地方自治に詳《くわ》しい東大名誉《めいよ》教授に関心を持ち、「この人の話を聞きたい」と言いだしました。安丸《やすまる》さんの指示に対して、返事は『イエス』か『はい』か『頑《がん》張《ば》ります』しかありませんでした。この名誉教授の講演が兵庫県赤穂《あこう》市であるとわかったので、会場に行って控室《ひかえしつ》を訪《たず》ね、町で講演するよう依頼《いらい》して、実現できました。

Q

大刀洗町は「くじ引き」で無作為《むさくい》に選ばれた住民が町の課題を話し合う「住民協議会」を、2013年度から実施《じっし》しています。毎年のようにかかわっていますが、どうですか？

A

協議会の開催《かいさい》は直接の担当《たんとう》ではありません。だけど、家庭ごみや町を走る鉄道の将来《しょうらい》など、地域《ちいき》づくりの担当領域《りょういき》がテーマになることが多いので、かかわらないわけにはいきません。協議会には約25人の町民が参加します。

その場の議論《ぎろん》を、イラストや文字を使って表現するグラフィックレコーディングの手法で模造紙《もぞうし》に書き付け、共有する役割《やくわり》をもっぱら担《にな》っています。

住民の方の生の声は、受け止める職員の側にもそれなりの体力と精神力がいります。コンサルタント会社に運営を委託《いたく》することも可能ですが、それでは私たちにノウハウが残りません。だから一職員として、汗をかく覚《かく》悟《ご》と努力をしますし、何より、やってて本当に楽しいです。

これまで計３００人近くの人が協議会に参加しました。それだけ多くの人が町や行政に関心を持つようになったと考えると、とてもうれしいです。

Q

大刀洗《たちあらい》町役場は、課長級以上の管理職14人のうち女性が６人。女性比率の高さは全国の市町村でも指折りです。

A

人事も安丸《やすまる》町長の時代に若返りと女性登用が進み、その路線は今も維持《いじ》されています。

男性の管理職だと失敗しないよう、事前の根回しに時間をかけるけど、女性は「やりましょう」とまず動きだす。だからこの町では、面白い試みが次々となされているし、私ものびのび仕事ができています。

新聞掲載：2023年５月20日

Column もっとくわしく知りたい！

リアルな現場の最前線

個性的な取り組みをしている他市町村は？

真っ先に挙げられるのは、北海道上川郡東川町《ひがしかわちょう》だ。40年以上開催《かいさい》している「東川町国際写真フェスティバル」は「写真の町」東川町の象徴《しょうちょう》。また、日本で唯一《ゆいいつ》の公立の日本語学校「東川日本語学校」があり、卒業生の多くは、国内の大学や専門《せんもん》学校に進学、国内や母国で就職《しゅうしょく》など、日本語を活かした進路を選んでいる。

一方、農業で町おこしに成功したのが日本一のレタス産地、長野県川上村だ。標高1100m超《ご》えの厳《きび》しい気象条件でありながら、農作物の鮮度《せんど》保持や栽培《さいばい》の新規技術導入を推進《すいしん》し、平均年収《ねんしゅう》がアップ、農業後継者《こうけいしゃ》の定着や少子高齢化対策《こうれいかたいさく》にも成功している。

おわりに

この本を読んでくださったみなさんへ――。

「自分にしかできないことを見つける」をテーマに、さまざまなジャンルで活躍《かつやく》するフロントランナー10人のお話、いかがだったでしょうか？

「自分にしかできないこと」と聞くと、ごく一部の人だけが成し得る、特別な物語のように思ってしまうかもしれません。

でも、実際はどうでしょう？

フロントランナーたちの一つひとつのエピソードを知るにつれて、そうではないことに気づくはずです。

なぜなら、現在特別なことも、その発端《ほったん》は日常の小さな気付きだったりするからです。

「こうなったら便利だな」「もっとこうすればいいのにな」という思いが高まっていった結果、まわりの人を喜ばせることにつながり、それがいつしか、「自分にしかできないこと」になっていく――そんな日常の物語です。

ですから、みなさんが、いち生活者として、
さまざまな体験をすることにはとても大きな意味があります。
「もっと○○したらいいのに」という発見につながるだけでなく、
そこに将来《しょうらい》、「自分にしかできないこと」の芽があります。

私たちは、この本が新しい時代の「自分にしかできないこと」を見つけるツールになれるように、と思いを込《こ》めて制作しました。

この本がみなさんの日常に新しい発見をもたらす一助になれば、
これほどうれしいことはありません。
いつの日か、みなさん一人ひとりがフロントランナーとして輝《かがや》くことを、
今から楽しみにしています。

朝日新聞be編集部
岩崎FR編集チーム

Staff

出典元記事
田代和馬さん分＝文・岩本美帆　写真・吉田耕一郎
菅原俊子さん分＝文・中島隆　写真・吉田耕一郎
中尾豊さん分＝文・中島隆　写真・福留庸友
てぃ先生分＝文・岩本美帆　写真・伊藤進之介
橋爪謙一郎さん分＝文・佐藤陽　写真・吉田耕一郎
加藤優子さん分＝文・箱谷真司　写真・迫和義
寺本英仁さん分＝文・大村美香　写真・上田潤
菅原直樹さん分＝文・増田愛子　写真・相場郁朗
土屋成範さん分＝文・斎藤健一郎　写真・伊藤進之介
村田まみさん分＝文・小陳勇一　写真・菊池康全

編集　岩崎FR編集チーム
編集協力　峰岸美帆

装丁　黒田志麻
イラスト　山中正大
DTP　佐藤史子
校正　株式会社 鷗来堂

フロントランナー
2 自分にしかできないことを見つける

2024年9月30日　第1刷発行

監修　朝日新聞be編集部

発行者　小松崎敬子
発行所　株式会社 岩崎書店
〒112-0014　東京都文京区関口2-3-3 7F
電話　03-6626-5080（営業）　03-6626-5082（編集）

印刷　三美印刷株式会社
製本　株式会社若林製本工場

ISBN 978-4-265-09186-7 NDC366 160P 21×15cm

Published by IWASAKI Publishing Co., Ltd.
Printed in Japan

岩崎書店HP https://www.iwasakishoten.co.jp/
ご意見ご感想をお寄せください。info@iwasakishoten.co.jp
乱丁本·落丁本は小社負担でおとりかえいたします。